당당하게 세금 안 내는
절세 노하우

종합·양도소득세부터 상속·증여세까지 절세의 모든 것

당당하게
세금 안 내는
절세 노하우

이병권 지음

새로운제안

최근 우리 사회의 가장 큰 이슈 중 하나가 '세금'이다. 복지수요는 날로 증가하는데 반해, 경기침체 때문에 세수가 계속 부족해 국가재정에 이미 적신호가 켜진 상태이다. 특히 앞으로는 지금보다 훨씬 더 빠른 속도로 고령화가 진행되고 부의 양극화도 더 심화될 것이기 때문에 서민들을 위한 복지재정 수요가 더 크게 증가될 수밖에 없다. 증세없는 복지가 불가능하다는 것은 누구나 다 아는 사실이다. 복지에는 반드시 돈이 필요하고 이 돈은 국민으로부터 세금을 통해 거둬들일 수밖에 없다.

그런데 모든 국민들이 국가로부터 복지혜택을 받고 싶어하지만, 정작 자신이 세금을 더 내야 하는 것에 대해서는 매우 예민하고 부정적인 반응을 보이는게 현실이다. 그 이유는 대부분 납세자들이 '내가 낸 세금이 과연 제대로 쓰이고 있나?'(효율성)라는 것과 '다른 사람들도 나처럼 성실하게 세금을 내고 있나?'(공평성)라는 두 가지 의구심을 갖고 있기 때문이다. 이런 의문과 불만을 해결하지 않고서는 세금을 걷어야만 하는 국가와 세금을 내야만 하는 국민 사이에는 늘 세금을 둘러싼 갈등과 마찰이 생길 수밖에 없을 것이다. 더구나 우리나라 조세부담률은 현재 20% 내외로서 과거에 비해서는 높은 수치를 기록하고 있지만

OECD 회원국의 평균조세부담률이 25%인 점을 감안하면 앞으로도 계속 늘어날 여지가 많다. 앞으로 세금부담이 지금보다 더 늘어나고 사회적 이슈가 될수록 세금을 내야만 하는 납세자들은 더 많은 세금지식으로 무장해야 국가와의 세금갈등에 대비할 수 있다.

봉급생활자인 근로자는 연말정산에서 남들보다 더 많은 환급을 받기 위해 평소에 무엇을 준비해야 하는지 알아야 하며, 사업자들은 세금신고 이후 닥치게 될 소명요구와 세무조사 등 세무위험(Tax Risk)에 대비할 수 있어야 한다. 때로는 부당한 세금과세에 당당히 맞서는 방법도 알아두어야 한다. 은퇴를 앞둔 사람들도 연금소득이나 금융소득, 임대사업소득 등과 관련된 세금을 미리 알아야 자신에게 적합한 은퇴설계를 수립할 수 있다. 상속·증여를 통해 재산이전을 고민하는 사람들도 상속세와 증여세에 대한 이해를 통해 세금비용을 최소화하면서 재산이전을 할 수 있는 방법을 미리 미리 찾아야 한다. 자산가들도 마찬가지다. 예전과 달리 이제는 높은 투자수익을 기대할 수 있는 재테크방법이 별로 없다. 그러나 적은 재테크수익에도 소득세는 과세되고 재산보유에 따른 세금도 매년 부과된다. 어쩌면 지금같은 저수익·저금리환경에서는 세금을 줄이는 것이 최선의 재테크일 수도 있으며, 불리는 것보다 지키는 것이 더 중요한 일일지도 모른다.

증세와 이에 따른 국가와 납세자의 조세마찰이 심해질수록, 자신의 소득과 재산을 지키기 위해서라도 납세자는 세금지식을 제대로 알고 있어야 한다. 신고납부제도에서 모든 세금의 결정권은 납세자에게 있으며, 절세 노하우를 통해 세금을 줄이는 것은 납세자의 정당한 권리다. 그리고 이 권리를 제대로 행사하려면 기본적인 세금지식이 전제되어야 한다. 앞으로 세금부담이 늘어날수록 세금지식은 모든 국민들이 관심을 가져야 하는 필수지식이 될 것이다. 지금까지는 이런 문제들을 회계사·세무사 등 전문가에게 의존해왔으나 이제는 자신이 직접 주체가 돼서 나서야 한다. 왜냐하면 자신이 처한 상황과 환경은 자신이 가장 잘 알고 있으며, 스스로 나서야만 늘 일상화된 절세노력을 통해 당당하게 세금을 줄일 수 있기 때문이다.

저자 이병권

• 차례 •

재테크의 완성, 절세가 기본이다

세금, 제대로 알아야 절세한다

직장인, 모르면 세금 더 낸다

사장님, 세금을 알아야 돈이 안 샌다

은퇴자, 세금을 줄여야 잘산다

부동산, 사고팔 때마다 세금 낸다

상속을 받아도 세금 내고 나면 없다

8장 증여는 철저한 사전계획이 필요하다

9장 부가가치세, 부담하는 사람과 내는 사람이 다르다

TAX SAVING KNOW-HOW

1장

재테크의 완성,
절세가 기본이다

01 나이별로 관심 있는 세금은 따로 있다

우리는 누구나 다 자신의 인생을 설계한다. 20대부터 50, 60대에 이르기까지 각 단계마다 각자 자신의 인생목표를 정하고 그것을 달성하기 위해 하루하루 열심히 살아가고 있다. 그런데 인생설계의 내용이야 사람마다 각양각색으로 다르겠지만 우리네 인생설계의 가장 중요한 부분을 차지하는 것은 재테크와 재무설계가 아닌가 싶다.

재테크란 돈을 열심히 모으거나 굴리는 등 투자를 통해 자신의 재산을 불려나가는 테크닉과 기술을 뜻하는 말이다. 이에 반해 재무설계란 개인의 인생주기별로 재무적인 목표를 설정하고 목표를 달성하기 위해 실행계획을 수립하는 것을 말한다. 예를 들어 '은퇴 이후에 생활비가 얼마나 필요하며 이를 어떤 방법으로 준비할 것인가?'에 대한 답은 재테크가 아니라 재무설계에 의해 얻을 수 있는 것이다. 재테크가 맹목적으로 돈을 벌기 위한 것이라면, 재무설계는 구체적인 목표와 플랜을 갖고 있다는 점에서 다르다고 보면 된다. 그런데 과거의 고도성장기와는 달리 요즘은 우리나라도 저성장·저금리 기조가 고착화되고 있어 재테크환경이 매우 어려워지고 있다. 이에 따라 재테크보다는 재무설계를 통해 미래를 준비하는 것이 더 일반화되고 있다.

재무설계는 나이별로 각기 서로 다른 목적을 지니고 있다. 20대는 역시 뭐니뭐니 해도 좋은 배우자를 만나 행복한 가정을 이루는 것이 최대의 관심사일 것이며, 30대는 자녀를 기르고 사회적으로 한창 바쁘게 움직이면서 저축을 하여 처음으로 주택을 장만하는 시기일 것이다. 40대는 사회적·경제적으로 안정기반을 비로소 마련하지만 자녀의 교육문제가 가장 큰 현안으로 떠오르는, 많이 벌기도 하지만 또한 많이

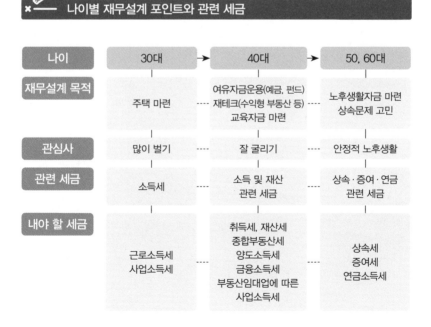

✎ 나이별 재무설계 포인트와 관련 세금

나이	30대	40대	50, 60대
재무설계 목적	주택 마련	여유자금운용(예금, 펀드) 재테크(수익형 부동산 등) 교육자금 마련	노후생활자금 마련 상속문제 고민
관심사	많이 벌기	잘 굴리기	안정적 노후생활
관련 세금	소득세	소득 및 재산 관련 세금	상속·증여·연금 관련 세금
내야 할 세금	근로소득세 사업소득세	취득세, 재산세 종합부동산세 양도소득세 금융소득세 부동산임대업에 따른 사업소득세	상속세 증여세 연금소득세

쓰는 시기일 것이며, 50대에 와서는 자녀들도 모두 성장하고 경제적으로도 비교적 여유가 생기지만 어느덧 노후를 준비해야만 하는 서글픈 시기가 아닌가 싶다. 마지막 60대는 직장을 은퇴하고 지나온 인생을 차분히 정리하면서 자신의 재산을 2세에게 또는 사회에 어떻게 배분할 것인지를 한 번쯤은 생각해 봄직한 시기가 될 것이다.

그런데 이러한 재무설계의 각 단계마다 반드시 고려해야 하는 것이 세금문제이다. 재무설계와 재테크를 통해 목적자금을 마련하다보면 소득과 재산이 생기게 되는데, 이 과정에서 피할 수 없는 것이 세금이기 때문이다. 재테크환경이 좋을 때는 많이 벌 수 있기 때문에 세금을 내더라도 큰 문제가 안 되지만, 요즘같이 자산가치가 오르지 않고 수익도 얼마 나지 않는 상황에서 세금마저 떼고나면 남는 것이 거의 없기 때문이다. 이것이 성공적인 재테크와 재무설계를 위해 반드시 절세가 필요한 이유이다.

02 소득에 비해
세금은 훨씬 더 늘어난다

　전통적으로 과거에는 남편이 돈을 벌어 오면 이를 아내가 이리저리 잘 운용하여 재산을 불려나가는 것이 기본적인 흐름이었다. 원래 돈이란 벌기보다는 불려나가기가, 불리기보다는 쓰기가 더 어려운 법이니 가정주부의 가정경제력 증대를 위한 노력은 매우 대단하고도 어려운 것으로 평가된다.

　그런데 요즈음 세상은 남편뿐만 아니라 아내도 같이 벌어야만 하는(물론 맞벌이를 하는 데는 경제적인 동기 외에도 여성의 사회참여를 통한 자아실현 동기도 있다), 한마디로 살기 어려운 세상이 되었으며 남편과 아내가 경제적 능력의 면에서 대등하게(또는 어떤 집의 경우는 아내가 더 많이 벌게) 됨으로써 급기야는 간 큰 남자까지도 출현하는 시대가 되고 말았다.

　어찌됐건 부부가 같이 벌면 한 사람이 벌 때보다 저축도 2배로 많이 하고 재산도 2배로 늘어나야 할 텐데, 어쩐 일인지 이때에는 1+1이 2가 아니라 2보다 적다는 당혹감에 직면하게 된다(수학자들이 들으면 깜짝

놀라겠지만 경영학에서는 시너지효과라고 하여 1+1은 2보다 크다고 배운다). 경제학에서는 소득이 늘어날수록 한계소비성향이 커진다고 하는데 이 때문일까?

그러나 분명한 것은 소득이 커질수록 소득에 대한 세금은 누진적으로 커져서 우리의 가처분소득은 소득의 증가분만큼 늘어나지 못한다는 사실이다. 다시 말해 소득이 3,000만원에서 6,000만원으로 2배가 늘어나면 세금은 2배 이상으로 증가하기 때문에 가처분소득은 2배만큼 증가하지 못하는 것이다.

예를 들어 근로자들이 월급을 받으면 국세청에서 미리 정한 간이세액표에 의해 매달 세금을 떼이는데, 미혼인 사람의 월급이 200만원일 경우 2만원 정도의 세금을 뗀다. 하지만 월급이 400만원일 경우에는

22만원으로, 600만원일 경우에는 60만원으로 늘어나게 된다. 즉, 소득은 2배, 3배로 늘지만 세금은 각각 11배와 30배로 늘어난다. 이런 현상은 고소득자에 대한 과세강화로 앞으로 더욱 더 커질 가능성이 높다. 게다가 국민연금과 건강보험료 등 공적부담금도 소득에 비례해서 떼는 것이므로 이를 모두 포함할 경우 개인의 가처분소득은 절대 소득 증가율에 비례하지 않는다는 것을 기억해야 한다.

이런 이유 때문에 개인의 재무설계와 재테크는 과거와 같은 주먹구구식의 계획에서 벗어나 절세를 포함한 종합적인 관점에서 계획되고 실행되어야 한다. 그리고 이를 위해서는 각자 스스로 금융, 부동산, 세무에 관한 종합적인 지식을 모두 갖추어야만 한다.

재테크와 세테크는
일심동체!

재테크란 재산과 테크놀로지(Technology)의 합성어로서 재산증식을 위한 일련의 기법들을 모두 일컫는 말이다. 고전적인 재테크의 기본 원칙은 소위 재산분할 3분법이라 하여 자기의 재산 중 3분의 1은 예금 등 안전한 금융자산에, 또 3분의 1은 주식·채권 등 유가증권에, 그리고 마지막 3분의 1은 부동산에 투자하는 것이다. 이는 투자하는 자산의 수익성과 안전성 그리고 환금성을 감안하여 적절히 분산투자할 것을 권하는 방법이다.

그러나 이러한 3분법의 원칙도 항상 적용되는 것은 아니며 그때그때의 경제적 상황에 따라 신축적으로 적용해야만 할 것이다. 예를 들어 예금이야 가장 확실한 투자수익(물론 금리가 너무 낮아 맘에 차지는 않지만)과 안전성을 보장하지만, 주식투자와 부동산투자는 경기와도 관련되므로 활황기에는 큰 수익(대박?)을 가져다주는 반면 침체기에 투자할 경우 막대한 손실을 볼 수 있을 뿐만 아니라 어떤 경우에는 환금성마

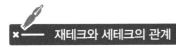
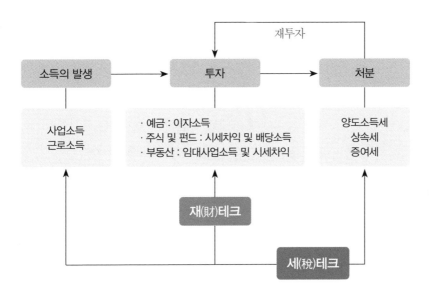

저도 위협받는 지경에까지 이를 수도 있는 것이다.

결국은 돈은 벌기보다 불려나가기가 더 어렵다는 것이 사실인 듯 싶은데, 왜냐하면 벌 때는 아무 생각 없이 열심히 벌기만 하면 되지만 번 돈을 이리저리 투자한다고 바깥으로 마구 굴리다 보면 신경을 쓴다 하더라도 결국은 손해 볼 수 있기 때문이다. 게다가 우리나라도 몇 년 전부터 본격적인 저성장국면에 진입하다보니 재산을 불리는 것이 매우 어려워졌다. 경제성장 둔화에 따라 저금리체제가 장기간 지속되고, 또 부동산경기도 예전같지 않아 흔히 말하는 재테크, 즉 자산관리가 매우 힘들어진 게 사실이다.

그런데 이와 같은 개인의 경제활동에서 우리가 반드시 염두에 두어야 하는 것이 바로 세금문제이다. 이는 우리가 번 돈이 모두 처분가능한 소득이 될 수 없으며, 재테크에 성공한 후 재투자를 하고자 할 경우에도 차익에 대한 소득세를 낸 후의 금액만이 재투자 원금이 될 수 있다는 것을 의미하는 것이다. 심지어 가족들에게 재산을 상속·증여할 경우에도 가지고 있던 재산의 일부를 세금으로 내고 나면 의도했던 모든 금액이 배우자와 자녀에게 그대로 이전되지 못한다는 사실이다.

특히 요즘처럼 부동산과 금융자산의 투자수익률이 모두 낮은 상황에서는 세금변수의 영향이 매우 크다고 할 수 있다. 가뜩이나 적은 투자수익에 세금까지 내고 나면 실질수익률이 더욱더 낮아지기 때문이다. 예를 들어 투자수익률이 5%라고 해도 내야 할 세금이 20%라면 실질수익률은 4%로 줄어들게 된다.

이처럼 돈을 벌어 재산을 모으고 재테크를 하여 불려진 재산을 처분하는 일련의 과정에는 각 단계마다 빠짐없이 세금문제가 결부되는데, 이렇게 재테크에 관련된 세금을 미리 파악하여 대처하고, 줄일 수 있는 세금은 줄여나가는 것(즉, 내지 않아도 되는 세금을 최대한 줄이자는 것이지 탈세하자는 것이 아니다)을 세테크라고 한다.

그리고 재테크를 할 때는 그에 따른 세테크를 같이 계획하고 실행해야 재테크의 성과를 극대화할 수 있다.

04 생활 속 세금, 알면 줄일 수 있다

일상생활에서 세금문제는 늘 우리를 따라다니면서 괴롭힌다. 돈을 벌면 벌었다고 소득세를 내고, 번 돈을 가지고 차를 사거나 부동산을 사면 취득세를, 그리고 재산을 가지고 있는 동안에는 매년 계속해서 재산세·종합부동산세·자동차세 등을 낸다. 뿐만 아니라 부동산을 팔면 양도소득세가 나오고, 증여하면 증여세가 나오는데 죽어서까지도 상속세라는 명목으로 우리에게 다가오니 도대체 이놈의 세금은 한도 끝도 없단 말인가?

그런데 이렇게 우리가 알고서 내는 세금만 있는 것이 아니라 우리가 모르게 내는 세금도 한두 가지가 아닌데, 이것이 바로 간접세라는 것이다. 우리가 물건을 사거나 음식을 먹을 때 가격에 포함되어 계산되는 부가가치세, 가전제품 등을 살 때 부과되어 역시 제품가격에 들어있는 개별소비세, 술 마실 때 술 값에 포함되는 주세, 심지어 스트레스를 풀려고 담배 한 대 피면서 내뿜는 담배연기 속에도 담배소비세가 들어 있다는 사실을 우리는 잊고 산다(골치 아프게 생각하느니 차라리 잊어 버리는 것이 속 편할지도 모른다).

그뿐이랴! 주식을 사고 팔면 증권거래세, 계약서를 작성하면 인지세, 면허가 있다고 등록면허세, 농어촌을 살리자고 농어촌특별세가 있으니 세금은 그저 이름만 갖다 붙이면 다 걷을 수 있는 것인가 본데, 우리가 살려야 할 것이 어디 농어촌뿐이란 말인가? 환경을 살리기 위한 교통·에너지·환경세도 있는 마당에 바다를 살리기 위한 해양세는 왜 없을까? 게다가 북한 동포를 살리기 위한 남북통일세도 검토되고 있다고 하니 모든 문제를 세금으로만 해결하려고 하는 정부의 자세가 어쩨 씁쓸하기만 하다.

본래 세금이란 국가나 지방자치단체가 재정수요에 충당하기 위해, 쉽게 얘기하면 살림살이에 쓰려고 아무런 개별적인 반대급부 없이 일방적으로 거둬들이는 것인데, 국가가 거두는 세금을 국세라고 하고 지방자치단체가 거두는 세금을 지방세라고 한다.

또한 세금은 세금을 내는 사람과 세금을 부담하는 사람이 같은가 다른가에 따라 직접세와 간접세로 구분되는데, 소득세·상속세와 같은 세금은 직접세이고 부가가치세나 개별소비세 같은 것은 간접세에 해당한다.

이렇듯 세금의 종류도 다양하고 복잡하기만 한데, 국가경제가 점차 성장하고 사회보장 및 복지행정에 대한 국민의 요구가 커질수록 국가에서 걷는 세금의 종류와 금액은 계속 늘어날 수밖에 없을 것이다. 국민이 1년 동안 생산한 것을 화폐로 나타낸 것이 국민총생산(GDP)인데,

이것에서 세금이 차지하는 비율을 조세부담률이라고 한다. 우리나라의 조세부담률은 매년 높아지고 있으며, 현재는 20% 내외이다. 하지만 경제선진국이라고 할 수 있는 OECD 회원국의 평균조세부담률은 무려 25%에 이른다. 그런데 정부가 추구하는 보편적 복지를 위해서는 앞으로 우리나라의 조세부담률도 계속 늘어날 수밖에 없을 것으로 예상된다. 증세없는 복지는 불가능하기 때문에 복지를 포기하지 않는 이상, 방법이야 어찌됐건 앞으로 증세는 불가피하다고 봐야 한다.

이처럼 우리의 일상생활에서 세금이라는 문제는 피할 수도 없고(어떤 사람은 세금을 아예 안 내려고 하는데, 이런 마음은 처음부터 먹지 않는 것이 좋다. 그 이유는 뒤에서 얘기하기로 한다) 소득과 재산이 있는 곳이면 빠짐없이 찾아오는 것이 세금인데, 우리가 다음과 같은 의사결정을 내리고자 할 때에는 반드시 관련되는 세금을 미리 파악한 후에 이를 의사결정의 주요 변수로 삼아야만 화(?)를 미연에 방지할 수 있다.

- 집을 사면 세금을 얼마나 낼까?
- 내년에 월급이 오르면 세금은 또 얼마나 더 내야 하는가?
- 세금공제혜택이 있는 저축과 보험을 들면 나한테는 얼마만큼의 절세이익이 돌아오는 것일까?
- 장사를 하는데 장부를 기장하는 것이 유리한가? 아니면 지금처럼 장부없이 하는 것이 유리한가?
- 부동산을 임대할 때 월세로 받는 경우와 보증금으로 받는 경우 중 어느 쪽이 유리할까?

- 상가를 임대하는 것과 주택을 임대하는 것 중 어느 것이 더 좋을까?
- 지금 퇴직하면 퇴직소득세를 공제하고 얼마나 손에 쥘 수 있을까?
- 퇴직금을 일시금으로 받는 게 나을까? 연금으로 받는 게 나을까?
- 은퇴 후 매월 연금을 받으면 세금은 얼마나 떼일까?
- 확정형·상속형·종신형 연금 중에서 어떤 것을 선택할까?
- 세액공제받은 개인연금을 중간에 해지하거나 일시금으로 받아도 괜찮을까?
- 세금부담을 적게 하면서 자녀에게 재산을 물려주는 방법은 없을까?
- 가지고 있는 주식이나 부동산을 지금 처분하면 세금이 얼마가 나올까?
- 주식이나 부동산을 양도하는 게 나을까? 아니면 증여하는 게 나을까?
- 재산을 상속하는 것과 미리 증여하는 것 중 어느 것이 유리할까?
- 재산을 배우자와 공동으로 나눠 가지면 어떤 점이 좋은가?
- 자금출처조사는 어떻게 대비해야 할까?
- 금융소득종합과세는 어떻게 대비해야 할까?

 이와 같은 질문들에 대한 해답은 세무전문가로부터 그 해답을 얻을 수도 있지만 재무설계 주체들이 직접 자신의 문제를 파악하고 이에 대처하는 것이 더욱 더 효과적이다. 왜냐하면 세금문제가 복잡하고 전문성을 요하는 것은 사실이지만 재테크나 재무설계에 관한 생활 관련 세금은 우리가 조금만 신경 쓴다면 얼마든지 이를 터득하고 줄일 수 있기 때문이다.

05 세금을 줄이는 게 최선의 재테크!

우리는 흔히 신문기사 등 매스컴을 통해 탈세라는 단어를 자주 접하게 된다. 탈세(脫稅)란 문자 그대로 세금을 의도적으로 빼먹는 행위를 일컫는 말이다. 납세의무가 헌법상 국민의 기본의무라는 점을 생각하면 탈세는 마땅히 지탄받아야 할 파렴치한 행위이며, 국가에서도 국민의 부도덕한 탈세행위에 대해서는 조세범처벌법 등을 통해 강력히 단속하고 있다.

그렇다면 절세(節稅)는 어떤 것일까? 절세는 세금을 절약한다는 의미인데, 세금을 가급적 내지 말자(또는 이왕이면 적게 내자)는 관점에서 보면 탈세와 절세는 최소한 남은 아닌 듯(이웃사촌간?) 싶은데….

그러나 절세와 탈세에는 분명하고도 엄연한 차이가 있다. 흔히 말하는 우스갯소리로 내가 하는 것은 절세고, 남이 하는 것은 탈세가 돼서는 안 된다. 절세와 탈세의 차이점은 바로 적법성 여부와 함께 부당한 조세회피 의도가 있었느냐의 여부라고 할 수 있다. 즉, 탈세는 의도적으로 세법을 위반하고 세법에 규정된 대로 하지 않으면서 세금을 내지 않는 것을 말한다(예를 들면 임대사업소득을 줄이기 위해 다운계약서를 쓰거나 매출세금계산서를 발행하지 않는 것 등). 반면에 절세란 세법을 위반하지는 않으면서도 남들보다 세금을 적게 낼 수 있는 방법을 연구하거나 세법을 잘 몰라서 세금을 이유없이 더 내거나 또는 세법상 의무를 제대로 이행하지 못해 후일 입게 될 세금추징에 따른 가산세 피해를 사전에 대비하는 것을 말한다.

예를 들어 어떤 개인이 가짜로 기부금이나 의료비 영수증을 만들어 부당하게 세액공제를 받는다면 이는 분명히 탈세행위에 해당한다. 그러나 세법상 소득공제나 세액공제가 가능한 항목들을 빠짐없이 챙겨서 남들보다 더 많은 공제를 받는다면 이는 분명히 절세에 해당하는 것이다.

또한 부동산을 양도할 때에도 허위계약서나 이중계약서를 작성하여 양도소득세를 줄이는 것은 명백한 탈세이지만, 양도시기를 조절한다거나 양도 대신 증여를 선택하는 것은 절세법에 해당된다.

앞서 지적했듯이 세금은 우리의 생활 모든 부분을 차지하고 있으며, 재무설계의 가장 큰 목표는 효과적이고 성공적인 재테크에 있다. 여기서 말하는 성공적인 재테크란 세후이익을 극대화할 수 있는 재테크를 말하는 것이므로, 성공재테크를 위해서는 절세기법을 우선적으로 알고 있어야만 한다. 또한 절세액만큼 재테크의 효과는 증대되는 것이므로 재테크와 절세는 서로 떨어질 수 없는 불가분의 관계에 있다고 볼 수 있다.

예를 들어 세 사람에게 1억원을 주고 재테크를 해보라고 했을 때 처음에는 모두 같은 금액으로 시작을 하지만 1년, 2년, 3년 후 세 사람의 돈은 재테크의 결과에 따라 차이가 날 수밖에 없을 것이다. 그런데 투자의 대상(예금·펀드·부동산 등)에 따라 그 결과가 차이가 나는 것은 너무도 당연한데, 중요한 것은 동일한 투자대상(예금)과 투자성과일지라도 절세효과에 따라 재테크의 결과가 달라진다는 사실이다.

즉, 갑은 1억원을 은행의 정기예금에, 을은 은행의 비과세종합저축에, 병은 새마을금고의 예탁금에 각각 예치했을 경우 1년 후의 결과는 어떻게 될까? 3가지 예금상품의 금리는 모두 4%이며, 비과세를 받기 위한 1인당 가입한도가 비과세종합저축은 5,000만원, 새마을금고 예탁금은 3,000만원이지만 가족명의 분산예치를 통해 모두 1억원을 가입한다고 가정한다.

우선 갑은 이자소득 400만원에서 이자소득세(14%)와 지방소득세(1.4%) 15.4%인 616,000원을 공제한 3,384,000원을 받게 되며, 을은 400만원 전액을, 그리고 병은 400만원에서 1.4%의 농어촌특별세 56,000원을 차감한 3,944,000원을 받게 된다.

이와 같이 동일한 투자대상에 투자한 경우라도 세금의 많고 적음에 따라 갑과 을은 연간 616,000원, 갑과 병은 연간 56만원의 차이를 가져오게 되는데, 수년간의 누적효과는 이보다 훨씬 더 클 것이다.

재테크에 있어 세금문제가 중요한 이유가 바로 여기에 있다.

TAX SAVING KNOW-HOW

2장

세금, 제대로 알아야
절세한다

01 세금은 국세와 지방세로 나눠진다

현재 우리나라에서 걷고 있는 세금은 무려 24가지나 되는데, 그중 국가가 걷는 국세가 13가지이고 지방자치단체가 걷는 지방세가 11가지이다. 이들 세금 중 우리의 일상생활과 밀접한 관련이 있는 것들만 추려서 그 성격이 어떠한지 간단하게 정리해 보면 다음과 같다.

1. 소득에 대한 세금

(1) 소득세

소득세는 개인이 1년 동안 번 소득에 대해서 내는 세금이며, 세금을 내야 하는 소득의 종류가 미리 정해져 있다. 여기에는 종합소득·퇴직소득·양도소득이 있으며(2025년부터는 지금까지의 3종류의 소득유형에 금융투자소득이 추가로 신설되어 개인의 주식과 채권의 양도소득에 대해 소득세가 과세된다), 종합소득은 다시 이자·배당·사업·근로·연금 및 기타소득으로 나누어진다.

개인이 1년(1월 1일부터 12월 31일까지) 동안 번 소득에 대한 소득세는 다음해 5월 중(성실신고대상자는 6월)에 소득자의 주소지 관할 세무서에 신고·납부해야 하며, 세율은 6~45%이다.

(2) 법인세

법인세는 개인이 아닌 법인이 매사업년도에 벌어들인 소득에 대해서 내는 세금이다. 12월 말에 결산하는 법인은 법인세를 다음해 3월 중에 신고·납부해야 하며, 세율은 9~24%이다.

(3) 지방소득세

지방소득세는 소득세나 법인세의 납세의무자가 각각 부담세액과 산출세액의 10%를 관할 지방자치단체에 신고·납부하는 세금으로, 개인지방소득세와 법인지방소득세로 구분된다. 개인지방소득세는 매년 5월 말(성실신고대상자는 6월 말)까지 지자체에 신고·납부하며, 법인지방소득세는 4월 말까지 신고·납부해야 한다.

2. 재산의 취득에 대한 세금

(1) 취득세

취득세란 부동산이나 차량, 골프나 콘도 회원권 등을 취득하는 경우에 취득자가 납부해야 하는 지방세로서, 부동산을 취득한 경우에는 취득가액(과세표준액)의 4%(유상거래에 의한 주택 취득의 경우 취득가액 6억원 이하는 1%, 6억원 초과 9억원 이하는 1~3%, 9억원 초과 주택은 3%임)를 내야 한다. 단, 다주택자의 주택 취득에 대해서는 금액에 상관없이 취득세율을 중과하는데, 조정지역 내의 1세대 3주택 취득시에는 6%(이사를 목적으로 하는 일시적 2주택은 예외)를 적용하며, 비조정지역 내의 3주택은 4%, 4주택 이상부터는 6%를 내야 한다.

그러나 상속에 의한 취득 시에는 취득가액의 2.8%를, 증여에 의한 취득 시에는 3.5%(단, 조정지역 안에 있는 시가표준액(공시가격)이 3억원 이상인 주택을 증여받은 경우에는 6%의 취득세율을 적용한다(단, 1세대 1주택 또는 1세대 2주택을 배우자나 직계존비속에게 증여하는 경우에는 3.5%를 그대로 적용함)를 내야 하며, 비영업용승용차량은 7%(경차는 4%, 2024년 12월 31일까지는 면제(75만원 한도))의 세율을 적용한다. 취득세는 취득일로부터 60일 이내(상속취득의 경우에는 상속개시일로부터 6개월 이내)에 취득자가 자진신고·납부해야 한다. 이 경우 취득세에는 지방교육세(20%)와 농어촌특별세(10%, 취득세 감면분에는 20%)가 별도로 부가된다.

한편 재산을 취득한 후 그 권리를 보존하기 위해서는 재산권에 관해 등기나 등록을 하게 되는데, 이 경우 등기·등록에 따른 별도의 세금은 없다(2011년부터 예전의 등록세가 취득세에 통합하여 과세됨). 따라서 취득세를 신고·납부해야 등기·등록이 가능하다.

(2) 상속세

상속에 의해 상속재산을 취득한 사람이 내는 세금으로서, 상속개시일(피상속인이 사망한 날을 말한다)이 속하는 달의 말일로부터 6개월 이내에 신고·납부해야 한다.

상속세는 본래 민법상 상속인인 개인에게 부과되는 세금이기 때문에 영리법인이 유증(유언에 의한 재산증여를 말하며, 세법에서는 상속으로 간주한다) 또는 사인증여(증여자의 사망시점에 증여가 이루어지는 것으로, 세법에서는 상속으로 간주한다)를 통해 재산을 이전받는 경우에는 상속세가 면제된다. 따라서 영리법인에 대한 유증과 사인증여를 통한 상속세 탈루를 막기 위해 상속인이 해당 법인의 주주인 경우에는 면제된 상속세 중 상속인의 지분해당액에 대해서 해당 법인의 주주인 상속인에게 상속세가 부과된다.

(3) 증여세

증여란 아무 대가 없이 재산을 상대방에게 수여하는 것을 말하는데, 증여에 의해 재산을 취득하는 자(수증자)는 증여받은 날이 속하는 달의 말일로부터 3개월 이내에 증여세를 납부해야 한다. 상속세가 사망에 의한 재산취득에 과세되는 세금이라면 증여세는 생존 중의 사전상속 행위에 대해 과세되는 세금이란 점에서 차이가 있다.

이러한 증여세는 개인이나 비영리법인에 대한 증여에 대해서 과세되는 것이며, 영리법인에 대한 증여는 증여에 의해 취득된 재산금액이 법인의 소득에 합산되므로 증여세 대신 법인세가 과세된다. 상속세와 증여세의 세율은 10~50%이다.

3. 재산의 보유에 대한 세금

(1) 재산세

재산세는 보유하고 있는 토지·건축물·주택 등에 대해 과세되는 세금으로, 과세기준일은 매년 6월 1일로서 이날 현재 재산세 과세대장에 재산의 소유자로 등재된 자가 납세의무자가 된다. 세율은 소유하고 있는 재산의 종류에 따라 다르며, 건축물에 대한 재산세는 7월 16일~31일까지, 토지분에 대한 재산세는 9월 16일~30일까지, 그리고 주택에 대한 재산세는 7월 16일~31일까지와 9월 16일~30일까지 각각 1/2씩 납세고지에 의해 세금을 내게 된다.

한편 재산세 과세특례지역(도시지역 중 지방의회의 의결을 거쳐 고시한 지역)에 있는 일정한 부동산에는 재산세액에 재산세 과세표준의 0.14%를 곱한 금액이 합산되어 부과될 수 있다.

(2) 종합부동산세

부동산을 많이 보유한 사람들을 대상으로 보유세를 무겁게 매기기 위해 일정기준(주택은 공시가격 9억원(단독명의의 1세대 1주택은 12억원), 사업용 토지는 공시가격 80억원, 나대지 등 비사업용 토지는 공시가격 5억원)을 초과하는 부동산의 소유자에게 지방세인 재산세와는 별도로 과세하는 국세이다. 특히 주택에 대한 재산세는 지방자치단체에서 물건별로 과세되지만 종합부동산세는 개인별로 합산과세하며, 개인이 소유한 전국의 모든 주택가액을 합산하여 공시가격이 9억원(단독명의의 1세대 1주택은 12억원)을 초과할 경우 초과분에 대해 과세한다.

납세의무자는 매년 12월 1일~15일까지 주소지 관할 세무서의 납세고지에 의해 세금을 내거나 본인의 신고에 의해 세금을 내게 된다.

(3) 주민세

주민세에는 균등분, 종업원분, 재산분이 있다. 균등분은 지자체 내의 모든 개인과 법인에게 일정한 금액을 징수하는 것이며, 종업원분은 종업원에 대한 급여총액의 0.5%를 내는 것인데 최근 1년간 급여총액의 월평균금액이 기준금액의 50배 이하인 경우에는 종업원분을 부과하지 않는다.

한편 재산분은 매년 7월 1일을 기준으로 사업소의 연면적에 대해 신고 · 납부하는 주민세로, 사업소의 연면적 1㎡당 250원을 내야 하는데, 사업장의 면적이 330㎡(100평) 이하인 경우에는 내지 않아도 된다.

4. 재산의 처분에 대한 세금

(1) 양도소득세

양도소득세는 개인이 부동산을 팔았을 때 생긴 양도차익에 대해 내는 세금이다. 양도차익이란 부동산을 판 금액과 당초에 샀을 때의 금액의 차이를 말하는 것으로서, 원칙적으로 실제거래가액으로 계산한다.

개인이 아닌 법인이 부동산을 팔아 차익을 남기게 되면, 이에 대해서는 양도소득세 대신 법인세가 과세된다.

02 세금마다
내는 곳이 다르다

세금을 내는 장소를 납세지라고 하는데, 이는 세금의 종류마다 조금씩 차이가 있다.

개인이 내는 종합소득세와 양도소득세는 사업장의 위치나 양도부동산의 소재지와는 관계없이 개인의 주소지 관할 세무서가 바로 납세지가 된다. 예를 들어 성남시 분당구에 거주하고 있는 박 씨가 동대문시장에서 도매상을 하고 있다면 소득세의 납세지는 분당세무서가 된다.

그리고 법인의 경우에는 법인의 본점 소재지 관할 세무서가 납세지가 된다. 예를 들어 본점을 여의도에 두고 있는 증권회사는 영등포세무서가 납세지이다.

그러나 개인사업자건 법인사업자건 부가가치세와 근로소득세 원천징수세액은 모두 사업장 관할 세무서에 신고해야 하므로 앞의 경우 박씨의 부가가치세와 데리고 있는 종업원에 대한 근로소득세 원천징수세액의 납세지는 동대문세무서이다.

  여기서 납세지란 일반적으로 세금을 신고하고 납부하는 장소를 합쳐서 말하지만, 엄밀히 따지면 신고와 납부는 따로 이루어진다. 앞에서 살펴본 바와 같이 신고는 해당되는 관할 세무서에 하지만, 세금의 납부는 금융기관을 통해 이루어지기 때문이다. 물론 이 경우 납부서에는 세무서별 계좌번호를 기입하여 해당 세무서의 계좌에 입금되도록 되어 있다.

03 가산세 폭탄은 무조건 피해야 한다

세금은 신고하고 내야 하는 기한이 미리 정해져 있다. 이를 신고·납부기한이라고 하며 세금의 종류에 따라 저마다 다르다. 일단 신고·납부기한이 지나도록 세금을 내지 않았거나 신고내용에 누락이 있는 경우 가산세라는 것이 추가되어 납세고지서가 발부된다.

가산세는 그 위력이 대단하기 때문에 거의 누락된 세금만큼의 가산세를 내는 경우가 많다. 참고로 세금을 신고하지 않았거나 적게 신고한 경우 신고불성실에 따른 가산세가 무신고시에는 적게 낸 세금의 20%, 과소신고시에는 10%가 부과된다. 그러나 고의적인 부당무신고나 과소신고의 경우에는 40%의 가산세율을 적용한다. 게다가 두 경우 모두 지연납부에 따른 연체이자(이를 납부지연가산세라고 한다)를 연리 8.03%로 내야 한다.

예를 들어 사업자가 매출을 누락하여 소득세를 신고한 사실이 4년 뒤에 적발됐고 이로 인해 적게 낸 세금 500만원이 납부고지 된 경우라면 과소신고가산세 200만원(500만원×40%)과 납부지연가산세 160만원 (500만원×8.03%×4년)을 합해 모두 360만원의 가산세 폭탄을 맞게 된다. 그래서 절세법의 제1원칙이 '절대 가산세 폭탄을 맞지 않아야 한다'는 것이다.

만일 가산세가 짜증난다고 납부기한까지 내지 않고 계속 방치해 두

 세금을 내야 하는 기한(납부기한)

세금의 종류	(신고)납부기한
종합소득세	매년 5월 1일 ~ 31일(성실신고확인대상 사업자는 6월 30일까지)
양도소득세	(예정) 양도일이 속하는 달의 말일부터 2개월 (확정) 매년 5월 1일 ~ 31일
상속세	사망일이 속하는 달의 말일부터 6개월
증여세	증여일이 속하는 달의 말일부터 3개월
부가가치세	(예정) 1기 : 4월 25일 / 2기 : 10월 25일 (확정) 1기 : 7월 25일 / 2기 : 1월 25일 ＊예정신고는 법인에 한한다(단, 직전 과세기간의 공급가액이 1.5억원 미만인 법인은 예정신고 없이 예정고지로 납부).
취득세	취득일로부터 60일
재산세	매년 7월 16일 ~ 31일(건축물분 및 주택분의 1/2) 매년 9월 16일 ~ 30일(토지분 및 주택분의 1/2)
종합부동산세	매년 12월 1일 ~ 15일

※ 모든 세금(국세)의 가산세
① 무신고·과소신고가산세 : 신고를 하지 않은 경우는 20%, 적게 신고한 경우는 10%(부정행위에 따른 경우에는 모두 40%)
② 납부지연가산세(세금을 기한 내에 내지 않았을 경우) : 체납일수에 대해 연 8.03%

면 납부고지서에 지정된 납부기한 이후에는 괘씸죄(?)가 붙어 가산금 3%가 추가된다.

또한 이후에도 납부할 때까지 계속 납부지연가산세(연 8.03%)가 추가된다(단, 납부세액 150만원 미만은 제외).

예를 들면, 앞의 사례의 경우 납부고지서에 나온 가산세를 포함하여 모두 860만원의 세금을 납부기한까지 내지 않다가 6개월 후에 납부했다고 가정하자. 가산금 258,000원(860만원×3%)에다 6개월간의 지연납부가산세 345,290원(860만원×8.03%×6/12)을 포함하면 내야 할 세금이 모두 9,203,290원으로 늘어나 원래 냈어야 할 세금의 2배 정도에 이른다. 뿐만 아니라 국세징수권의 소멸시효인 5년(5억원 이상의 국세는 10년)이 되기 전에 체납자의 재산을 압류하여 공매처분한 다음 이를 체납세금에 충당하게 되는데, 국세기본법에는 국세우선의 원칙이라 하여 납세자의 재산에 다른 저당권 등이 설정되어 있더라도 국세에 우선권을 주어 국세를 우선적으로 징수할 수 있도록 하고 있다. 이처럼 세금의 징수에 관한 한 제도적으로는(?) 도저히 샐 수가 없게 되어 있는 것 같은데, 가끔 엉뚱한 일로 세금이 새는 것을 꽤 자주 보게 되어 씁쓸한 마음이 들기도 한다.

04 세금은
누가 결정하는가?

세금은 국가와 그 국가를 구성하는 국민 간의 합의에 의해 결정된 채권·채무이다. 그러므로 조세법률주의라고 하여 국민이 대표로 선임한 국회의원들이 국회에서 만든 세법을 통해 세금을 징수하고 때로는 감면도 하게 된다.

이렇듯 세금을 계산하는 절차와 방법 등은 모두 세법에 근거하여 이루어지게 되나 실제로 사회의 모든 구성원이 정직하고 성실하게 세금을 낸다고 단정하기는 어려운 것이 현실이다(물론 성실한 신고와 납세를 담보하기 위해서 '신의성실의 원칙'이라는 것이 국세기본법에 명시되어 있기는 하지만 지금이 어디 도덕성에 호소해서 되는 사회인가?).

여기서 국가는 세금액수를 결정함에 있어서 채권자인 자신(국가)이 결정하는 것이 나을지, 아니면 납세자의 성실한 납세의식을 인정하여 채무자인 납세자에게 결정하라고 할 것인지에 대한 딜레마에 빠지게 된다. 전자와 같이 세금을 최종적으로 국가가 결정하는 방식을 '부과

징수제도'라고 하고, 후자와 같이 납세자가 자신의 세금을 직접 결정하는 방식을 '신고납부제도'라고 한다.

물론 납세자의 자율적인 납세 풍토를 조성하고 조세저항을 줄이기에는 신고납부방식이 적합하다고 볼 수 있으나, 이는 무엇보다 납세자의 성실한 납세의식과 자신의 소득 및 세액을 정확히 계산할 수 있는 능력 등이 전제되어야만 가능하다는 제약이 있다.

그런데 오해하지 말아야 할 것은 정부가 결정하는 부과징수방식이라 하더라도 납세자로부터 세금신고는 일단 받는다는 사실이다. 다만 이러한 신고는 세액을 결정하기 위한 기초자료가 될 뿐, 신고대로 세액이 결정되는 것은 아니라는 점이다.

그러나 신고납부제도하에서는 납세자가 신고한 시점에서 신고한 그대로 세액이 결정되며, 정부의 세액결정절차라는 것이 별도로 없다. 그렇다고 해서 납세자가 신고한 내용대로 세금이 그대로 확정되는 것은 아니다. 왜냐하면 모든 납세자가 제대로 성실하게 세금을 신고하지는 않기 때문이다. 따라서 납세자가 신고한 내용을 국세청 나름대로 검증할 필요가 있으며, 납세자의 신고서를 검토하거나(서면분석) 사업장에 대한 실지조사(세무조사) 등을 통해 만약 세금을 누락한 사실이 드러나면 당초 납세자가 신고한 내용을 수정하고(경정처분) 가산세를 추징하는 등의 조치를 내린다.

그런데 현장조사를 통해 세금을 추징하려면 상당한 인력과 시간이 소요되므로 대개는 납세자의 신고내용을 전산으로 분석하여 검증한 후, 의심의 여지가 있는 부분에 대해 납세자에게 소명을 요구한다. 그리고 납세자가 제대로 소명을 못할 경우에는 가산세를 포함하여 추징하게 된다. 따라서 소득세나 법인세처럼 신고납부하는 세금의 경우에는 국세청으로부터 소명요구를 받지 않도록 미리 성실하고 투명하게 신고하는 것이 가장 바람직하다.

현재 우리나라가 걷고 있는 세금 중 소득세와 법인세 및 부가가치세는 신고납부제도로, 상속세 및 증여세는 부과징수제도로 세액을 결정하고 있다. 그러므로 상속과 증여시에는 상속개시일이나 증여일이 속하는 달의 말일로부터 6개월 또는 3개월 이내에 신고·납부를 하면 납세의무자의 신고서를 토대로 내려진 정부의 결정통지(상속세는 신고기한 경과 후 9개월, 증여세는 신고기한 경과 후 6개월 이내에 결정하는 것이 원칙임)에 의해 비로소 세액이 확정되는 것이다.

05 억울한 세금, 이렇게 하면 돌려받을 수 있다

이런 일이 일어나서는 안 되겠지만, 가끔씩 내지 않아도 되는 세금 고지서를 받는다거나 또는 내야 할 세금보다 터무니없이 많은 세금을 통보받는 경우가 더러 있다.

이럴 경우에는 무조건 흥분할 것이 아니라 차분히 그 해결방법을 찾아야 하는데, 아무리 세무서가 찾아가기 싫은 데라고 하더라도 이런 경우에는 일단 세무서의 납세자보호담당관을 찾아가는 것이 가장 우선적인 방법이다. 납세자보호담당관은 비록 공무원 신분이지만 세금에 대한 전문지식이 부족한 납세자의 입장에서 그 불편과 고충을 덜어주기 위해 만든 제도이다. 또한 세무서와 지방국세청마다 대부분 외부전문가로 구성된 납세자보호위원회도 구성되어 있어 납세자들이 부당한 세금부과로부터 보호받을 수 있도록 하고 있다.

그리고 세무관서의 세무조사 결과에 따라 과세결정 통지(또는 과세예고 통지)를 받은 경우에는 통지를 받은 날로부터 30일 이내에 해당 세무

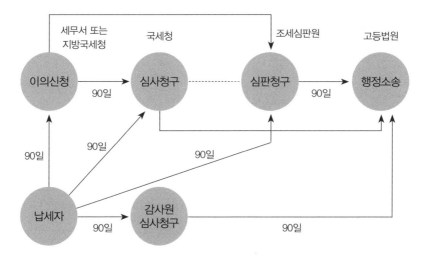

※이의신청은 임의적인 불복제도로서 납세자가 선택하지 않을 수도 있으며, 심사청구와 심판청구는
  선택적인 절차로서 둘 중 하나만 거치면 행정소송이 가능하다.

서에 과세전적부심사를 청구하면 별도의 국세심사위원회에서 심의하
여 과세의 적부 여부를 납세자에게 알려준다.

　이와 같은 행정적인 절차로 문제가 해결되지 않을 경우에는 세법에
서 정한 조세불복청구절차에 따라 법적인 권리구제를 신청할 수 있는
데, 납세자의 권리구제는 이의신청 → 심사청구(또는 심판청구) → 행정
소송의 단계를 거치거나(3심제), 이의신청을 생략하고 심사청구(또는 심
판청구) → 행정소송의 단계를 거칠 수 있다(2심제). 만약 국세행정기관
을 신뢰하지 않는 경우에는 아예 감사원 심사청구를 거쳐 행정소송을
진행할 수도 있다.

이때 필요한 서류는 관할 세무서의 납세자보호실에만 제출하면 상급기관(지방국세청, 국세청, 조세심판원)이나 감사원으로 자동 이송되기 때문에 납세자가 직접 국세청이나 감사원을 찾아다닐 필요는 없다. 다만, 행정소송은 해당 세무관서를 관할하는 고등법원에 제출해야 한다. 그리고 불복청구는 아무 때나 되는 것이 아니고 신청할 수 있는 기간이 정해져 있으므로 이를 잘 지키는 것이 중요하다. 왜냐하면 이 기간을 넘기게 되면 아무리 억울한 세금이라 하더라도 법적으로 구제받을 수 없기 때문이다.

불복청구 건에 대해서는 인용·기각·각하 등의 결정처분이 내려지는데, 인용은 불복청구를 받아들여 당초의 과세처분을 취소하는 것이며, 기각은 납세자의 불복청구가 이유없다고 판단해서 당초의 과세를 정당하다고 보는 것이다. 한편 각하는 서류나 절차상의 하자를 이유로 심사(심판) 자체가 이루어지지 못한 것을 말한다.

이와는 달리 세금 신고와 납부를 이미 마친 후에 과다하게 신고·납부한 것을 뒤늦게 알게 된 때에는 경정청구를 통해 돌려받을 수 있는데, 신고기한 경과 후 5년 안에 청구해야만 환급받을 수 있다.

1. 이의신청

이의신청은 국세의 부당한 처분에 대해 불복할 경우 관할 세무서 또는 지방국세청에 그 시정을 요구하는 것이다. 그런데 지방국세청에 이의신청을 하는 경우에도 관할 세무서를 반드시 경유하도록 되어 있기 때문에 이의신청서는 결국 관할 세무서에 제출해야 한다. 이의신청서는 부당한 처분을 받은 날로부터 90일 이내에 제출해야 하며, 이를 접수한 때로부터 30일(납세자가 항변할 경우에는 60일) 이내에 결정통지를 해 주게 되어 있다.

2. 심사청구

심사청구는 하급기관인 관할 세무서를 거치지 않고 직접 국세청에 불복청구를 하는 것인데, 이의신청을 한 후 이에 불복하여 청구하는 경우와 이의신청을 거치지 않고 직접 심사청구를 하는 경우의 2가지로 나누어진다. 즉, 납세자는 불복사항이 있을 경우에 이의신청부터 밟아 나가는 방법과 심사청구부터 시작하는 방법 중에서 선택할 수 있는 것이다. 심사청구서는 90일 이내에 제출해야 하는데 이의신청과 마찬가지로 관할 세무서에 제출하면 된다.

3. 심판청구

심사청구는 어차피 조세부과권자인 국세청을 상대로 하는 것이므로 그 결정의 독립성에 의문이 들 수 있다. 이런 경우 심사청구를 거치지 않고 국무총리실 산하기관으로서 국세청과는 독립적인 관계인 조세심판원에 불복청구하는 것을 심판청구라고 하며, 신청기한은 심사청구와 마찬가지로 90일 이내이다. 단, 심사청구와 심판청구는 선택적 절차로서 중복청구가 불가능하다.

참고로 조세심판원의 발표자료에 따르면 심판청구의 인용비율은 22~28%로서 이의신청이나 심사청구에 비해 매우 높은 편이다.

4. 행정소송

심사청구 또는 심판청구 결과가 불만스러운 경우에는 관할 고등법원에 행정소송을 제기할 수 있다. 이때 납세자는 심사청구나 심판청구 중 하나의 절차만 거치면 바로 행정소송을 제기할 수 있다.

5. 감사원 심사청구

이는 납세자가 국세청을 거치지 않고 곧바로 감사원에 심사를 청구하는 것이며, 여기에서 불복할 경우에는 바로 행정소송으로 넘어가게 된다. 그러므로 감사원 심사청구를 할 경우에는 조세불복이 2심제가 되는 셈이다.

3장

직장인, 모르면
세금 더 낸다

01 세금의 계산구조부터 제대로 알자

1. 종합소득이란 무엇인가?

개인이 벌어들인 소득에 대해 과세하는 세금을 소득세라고 하는데, 세법에서는 개인의 소득을 크게 종합소득·퇴직소득·양도소득으로 구분한다(지금은 소득유형이 3종류이지만, 2025년부터는 금융투자소득이 추가로 신설되어 개인의 주식과 채권의 양도소득에 대해 소득세가 과세된다).

여기서 종합소득이란 개인이 1년 동안 벌어들인 이자·배당·사업·근로·연금·기타소득 등 6가지에 해당하는 소득을 모두 합한 것을 말하며, 이러한 종합소득에 대해 과세되는 세금이 종합소득세이다. 즉, 종합소득에 해당하는 6가지 소득은 모두 합산해서 종합소득으로 세금을 계산하는데, 이를 종합과세라고 한다. 다만, 종합소득 중 이자·배당·연금·기타소득의 일부 항목에 대해서는 종합과세를 하지 않고 분리과세를 적용하는데, 분리과세란 말 그대로 종합소득이지만 종합소득에 합산하지 않

| 사업소득금액 | = | 총수입금액 | − | 필요경비 |

(+)

| 근로소득금액 | = | 총수입금액
(총급여) | − | 필요경비
(근로소득공제) |

| 종합소득금액 | − | 종합소득공제 | = | 과세표준 |

※ 비과세되는 소득과 분리과세되는 소득은 종합소득에 포함되지 않는다.

고 따로 떼어서 별도로 정해진 원천징수세율로 과세하는 것을 말한다.

한편 퇴직소득과 양도소득은 종합소득에 합산하지 않고 각각 따로 세금을 계산한다. 그리고 종합소득금액에 합산되는 소득금액이란 총수입금액에서 필요경비를 차감한 것을 말하는데, 이자소득과 배당소득의 경우에는 필요경비가 인정되지 않는다. 즉, 이 2가지 소득은 수입금액이 바로 소득금액이 되는 셈이다.

2. 종합소득세의 특징

(1) 초과누진세율을 적용한다

소득(엄밀하게 말하면 과세표준)의 크기에 따라 8단계로 나누어서 최저 6%에서 최고 45%의 세율을 누진적으로 적용하게 되므로 소득이 높을수록 세부담액이 커지게 된다.

과세표준	세율	누진공제액
1,400만원 이하	6%	–
1,400만원 초과 5,000만원 이하	84만원＋1,400만원 초과액의 15%	126만원
5,000만원 초과 8,800만원 이하	624만원＋5,000만원 초과액의 24%	576만원
8,800만원 초과 1억 5,000만원 이하	1,536만원＋8,800만원 초과액의 35%	1,544만원
1억 5,000만원 초과 3억원 이하	3,706만원＋1억 5,000만원 초과액의 38%	1,994만원
3억원 초과 5억원 이하	9,406만원 ＋ 3억원 초과액의 40%	2,594만원
5억원 초과 10억원 이하	1억 7,406만원 ＋ 5억원 초과액의 42%	3,594만원
10억원 초과	3억 8,406만원＋10억원 초과액의 45%	6,594만원

1) 이자·배당소득에 대한 원천징수세율 : 소득세 14%, 지방소득세 1.4%(15.4%)

2) 기타소득에 대한 원천징수세율 : 20%(복권 당첨소득 중 3억원 초과분은 30%이며, 연금저축은 15%(사망 등 부득이한 사유에 따른 경우는 연금소득으로서 3~5%))

3) 누진공제액은 속산법으로 계산할 경우 과세표준 전액에 대해 해당 세율을 곱한 다음, 뺄 금액을 말한다. 예를 들어 과세표준이 3,600만원인 경우 산출세액은 다음과 같다.
   - 84만원＋(3,600만원－1,400만원)×15%＝414만원
   - 또는 (3,600만원×15%)－126만원＝414만원

(2) 신고납부제도이다

종합소득이 있는 모든 개인은 자신이 1년 동안 번 소득과 이에 대한 소득세를 다음해 5월에 스스로 신고·납부해야 하며, 신고한 대로 세액이 확정된다. 그러나 상속세와 증여세는 신고자의 신고를 토대로 세무서에서 최종적인 세액을 결정하는 부과징수방식에 의해 세액이 확정된다.

(3) 열거주의과세이다

소득세법에서 과세대상으로 열거되어 있는 것만 과세대상에 포함된다. 예를 들어 보장성보험의 보험금이나 10년 이상 장기저축성보험의 보험차익 및 상장주식의 양도차익(지금은 대주주의 경우에만 양도소득세를 과세하지만, 2025년부터는 모든 상장주식의 매매차익에 대해 금융투자소득세가 과세된다) 등은 과세대상으로 열거되어 있지 않으므로 소득세를 내지 않아도 된다.

종합소득의 종류와 세액계산방식

* 금융소득(이자소득+배당소득)이 연간 2,000만원 이하이면 분리과세되므로 종합소득에 합산되지 않는다.

** 부동산임대에 따른 소득은 사업소득에 포함됨.

*** 사적연금소득(퇴직연금+연금저축)은 분리과세와 종합과세 중 선택이 가능하다. 단, 분리과세를 선택할 경우 연간 사적연금수령액이 1,200만원 이하인 경우에는 저율분리과세율(3~5%)을 적용하지만, 1,200만원을 초과하는 경우에는 15%의 분리과세세율을 적용한다.

(4) 개인별로 과세한다

각자 개인별로 자기가 번 소득에 대해서만 세금을 내면 그만이며, 부부의 자산소득(이자·배당·부동산임대사업소득)도 민법의 부부별산원칙에 따라 합산과세하지 않고 각자 개인별로 소득세를 따로 계산한다.

(5) 인적공제와 특별공제제도를 두고 있다

소득자의 최저생계비를 보장하기 위해 배우자나 부양가족 등에 따른 다양한 인적공제제도를 두고 있는데, 종합소득공제 중 기본공제와 추가공제가 이것에 해당한다.

또한 자녀 수에 대해서는 일정금액을, 근로자의 사회보장비용지출(보험료·의료비·교육비·연금저축 등)에 대해서는 일정비율만큼을 세금에서 공제해준다. 따라서 세금을 줄이기 위해서는 이러한 종합소득공제와 특별세액공제를 많이 받을 수 있도록 하는 것이 중요하다.

(6) 종합과세제도이다

종합소득에 해당하는 6가지 소득에 대해 개별적으로 과세하는 것이 아니라 모두 합산하여 세액을 계산하게 되는데, 이를 종합과세라고 한다. 단, 이자소득과 배당소득 및 기타소득의 일부 항목, 그리고 사적연금소득(국민연금 등 공적연금은 제외)에 대해서는 분리과세제도를 같이 쓰고 있다.

02 종합과세와 분리과세, 무엇이 유리한가?

종합소득에 대한 세금을 계산하는 방식에는 종합과세에 의한 방법과 분리과세에 의한 방법, 2가지 방식이 있다.

(1) 종합과세

종합과세란 종합소득에 해당하는 6가지의 소득금액을 모두 합산하여(비과세소득과 분리과세소득은 제외된다) 이를 과세표준으로 삼아 여기에 세율을 적용하여 세액을 계산하는 방식을 말한다.

소득세 세율은 누진세율이기 때문에 종합과세를 하면 소득이 많을수록 합산에 따라 더 높은 세율이 적용되므로 세금부담이 훨씬 더 늘어나게 된다.

(2) 분리과세

분리과세란 이자·배당·연금 및 기타소득 등의 경우 소득금액을 지급할 때 지급자인 금융회사 등이 해당되는 소득세를 미리 차감징수하게 되는데(이를 원천징수라고 한다), 이렇게 원천징수한 것으로써 납세절차를 종결시키는 방법을 말한다. 즉, 분리과세소득에 해당되는 경우에는 소득자의 다른 종합소득에 합산하지 않고 해당 소득금액에 대해서만 원천징수세율에 의해 세금을 납부당하면 그것으로 모든 납세절차가 종결되는 것이다.

이 경우 원천징수세율은 이자·배당소득은 14%, 사적연금(퇴직·개인연금)소득은 5%(연금수령자가 70세 이상은 4%, 80세 이상은 3%, 종신형은 무조건 4%), 그리고 기타소득은 15~30%이다. 이처럼 분리과세는 합산과세에 따른 높은 누진세율을 피할 수 있기 때문에 대부분의 납세자에게는 종합과세보다 더 유리하다. 다만, 이자·배당소득은 받는 금액 기준으로 연간 2,000만원 이하, 기타소득은 필요경비 차감 후 연간 300만원 이하인 경우에만 분리과세(개인연금 해지일시금과 복권 당첨소득은 금액에 상관없이 분리과세)하고, 이를 초과하는 경우에는 종합소득에 합산하여 더 높은 세율로 과세한다. 사적연금소득은 분리과세와 종합과세 중 자신에게 유리한 방법을 선택할 수 있다. 단, 연간 연금수령액이 1,200만원 이하인 경우에는 3~5%의 낮은 원천징수세율로 분리과세되지만, 1,200만원을 초과하는 경우에는 15%의 분리과세세율을 적용한다.

예를 들어 은행에서 예금이자 500만원을 찾을 때 소득을 지급하는 은행측이 77만원(이자소득세 14%(70만원) 및 이자소득세에 대한 지방소득세 1.4%(7만원))을 차감하고 나머지(423만원)만 지급해 주는데, 이렇게 소득자가 원천징수당함으로써 이자소득에 대한 납세절차가 모두 완료되는

것이므로 따로 소득세 신고를 할 필요가 없는 것이다.

　그러나 만약 분리과세되는 소득이 아니라면(예를 들어 어떤 개인의 이자소득과 배당소득이 연간 2,000만원을 초과하는 경우), 이때에는 원천징수를 당했다 하더라도 다음해 5월에 그 이자소득이나 배당소득을 다른 종합소득에 합산하여 소득세 계산을 다시 해야 한다. 그러므로 이렇게 종합과세되는 경우에는 원천징수로써 세금납부절차가 끝나는 것이 아니고 단지 세금을 미리 내는 것에 불과한 것이 된다.

(3) 분리과세가 가능한 소득

　그렇다면 어떤 소득이 분리과세되고 어떤 소득이 종합과세되는 것일까?

　우리나라에서는 앞서 나왔듯이 일정금액을 넘지 않는 이자 · 배당소득(이 둘을 합하여 금융소득이라고 하며, 개인의 연간 금융소득이 2,000만원 이하인 경우에만 분리과세가 적용된다)과 일정금액 이하의 사적연금소득·기타소득에 대해서만 분리과세라는 제도를 두고 있다. 따라서 근로소득·사업소득·공적연금소득 및 연간 2,000만원을 초과하는 금융소득은 무조건 종합과세된다.

연간 기타소득금액(필요경비를 공제한 후의 금액임)이 300만원 이하인 때에는 납세자가 분리과세와 종합과세를 선택할 수 있는데, 분리과세를 원할 경우에는 소득금액의 20%(연금저축의 일시수령금은 15%(사망시는 연금소득으로서 3~5%))를 원천징수당함으로써 모든 납세절차가 끝나게 된다. 그리고 연금소득 중 사적연금(퇴직연금 및 연금저축)소득이 1,200만원 이하인 경우에는 납세자가 분리과세(5%. 단, 연금수령일 현재 나이가 70세 이상이면 4%, 80세 이상이면 3%를 원천징수하며, 퇴직연금은 3%를, 종신형연금은 4%를 원천징수한다(중복 해당시에는 가장 낮은 세율을 적용))와 종합과세 중 선택할 수 있다. 한편, 사적연금수령액이 연간 1,200만원을 초과하는 경우에도 분리과세 선택이 가능한데, 이 경우에는 15%의 분리과세세율을 적용한다. 따라서 자신의 종합소득세율이 6%라면 종합과세가 유리하고, 24%이상이라면 분리과세가 유리하다.

한편, 비트코인 등 가상자산의 투자에 따른 소득에 대해서도 2025년부터는 기타소득세가 과세되는데, 종합소득에 포함하여 신고하되 20%의 세율로 분리과세한다.

03 소득공제는
절세의 시작!

종합소득이란 앞에서 살펴본 6가지 소득을 개인별로 합산한 것을 말하는데, 이러한 종합소득에 대해 그대로 세금을 매기면 소득자의 최저생계비를 보장하기가 어렵게 된다. 따라서 개인의 최저생활을 보장하기 위해 종합소득금액에서 소득자의 인적 상황에 따른 공제를 하고 국민연금과 건강·고용보험료, 주택마련저축이나 주택자금상환 등 사회복지적인 각종 지출 등을 소득세의 계산과정에서 차감해 주게 되는데, 이를 종합소득공제라고 한다.

종합소득공제에는 크게 기본공제와 추가공제, 그리고 연금보험료공제와 특별소득공제 및 조세특례제한법에 따른 소득공제가 있다. 기본공제와 추가공제는 소득자의 인적상황에 따른 공제라 하여 이를 인적공제라고 하며, 연금보험료공제와 특별소득공제는 소득자가 실제로 지출한 사회보장성 경비를 공제한다고 하여 이를 물적공제라고도 한다.

1. 인적공제

(1) 기본공제

기본공제란 소득자의 부양가족이 몇 명인가에 따라 1인당 150만원의 금액을 종합소득에서 공제해 주는 것이다. 그러므로 4인 가족의 경우에는 모두 600만원을 공제받게 된다.

이 경우 소득자와 같이 사는 배우자와 부양가족은 연간 소득금액(종합·퇴직·양도소득으로서 수입에서 필요경비를 뺀 금액을 말하며, 분리과세되는 소득은 제외된다)이 없거나, 있다 하더라도 100만원 이하인 때에만 기본공제가 가능하다(단, 총급여가 500만원 이하인 근로소득만 있는 배우자와 부양가족은 공제 가능). 그리고 부양가족의 경우 소득공제 대상이 되기 위해서는 직계존속은 60세 이상이어야 하며, 직계비속은 20세 이하여야만 공제가 가능하다. 그러나 장애인은 연령에 관계없이 공제가 가능하다.

예를 들어 동거가족이 부친(66세)과 모친(58세) 및 소득이 없는 배우자와 자녀(23세, 19세)인 소득자의 기본공제 금액은 본인, 배우자, 부친 및 자녀 1인 등 모두 600만원(150만원×4명)이 된다.

(2) 추가공제

위의 기본공제 대상자가 다음의 하나에 해당하면 해당되는 금액을 추가로 공제받을 수 있다.

① 70세 이상인 경우에는 1인당 100만원

② 장애인인 경우에는 1인당 200만원

③ 소득자가 배우자가 없는 여성(연간 종합소득금액 3,000만원 이하인 자)으로서 부양가족이 있는 세대주(부녀자세대주)이거나 배우자가 있는 여성인 경우에는 50만원

④ 종합소득자가 배우자가 없는 사람으로서 기본공제대상자인 직계비속(자녀) 또는 입양자가 있는 경우에는 100만원(단, 위 ③의 부녀자세대주공제(50만원)와 중복적용은 안 됨)

2. 물적공제

(1) 연금보험료공제

종합소득자가 당해년도 중에 납입한 공적연금 관련법에 따른 기여금(국민연금보험료나 공무원·군인 또는 사립학교교직원연금법에 의해 부담한 기여금)은 전액을 자신의 종합소득에서 공제받을 수 있다.

(2) 특별소득공제

특별소득공제는 근로소득자가 1년 동안 건강·고용보험료와 주택자금(납입 또는 상환액)을 지출한 경우에 그 금액을 근로소득금액에서 공제해 주는 것이다. 특별소득공제와 다음에 설명할 특별세액공제는 오직 근로소득자만이 실제 지출한 금액을 공제받을 수 있는 것이며, 다른 종합소득자들은 특별소득공제와 특별세액공제 명목으로 연간 7만원(성실사업자는 12만원이며 근로자처럼 의료비와 교육비를 세액공제받을 수도 있다)을 정액으로 세액공제받게 된다(04. 연말정산, 아는만큼 환급받는다 참조).

(3) 조세특례제한법에 의한 소득공제

근로자의 신용카드 등 사용액(현금영수증 금액 포함)이 자신의 연간 총급여의 25%를 초과하게 되면 그 초과하는 금액의 15%(현금영수증과 직불·선불카드 사용분은 30%를, 전통시장 및 대중교통비 사용분에 대해서는 40%를 적용)를 종합소득에서 공제해 준다.

한편 개인사업자와 법인의 대표자(총급여가 7,000만원 이하인 경우에 한함)가 소기업·소상공인공제부금(일명 노란우산공제)에 가입하여 공제부금을 납입한 경우 소득금액에 따라 연간 200~500만원을 사업(근로)소득(부동산임대사업소득은 제외)에서 공제받을 수 있다.

사업(근로)소득금액	소득공제 한도
4,000만원 이하	500만원
4,000만원~1억원	300만원
1억원 초과	200만원

※ 2016년 1월 1일 이전 가입자는 종합소득에서 공제받는 것이므로 종합소득금액을 기준으로 함

04 연말정산, 아는 만큼 환급받는다

1. 근로소득의 계산방법

근로소득이란 봉급생활자, 즉 우리가 흔히 말하는 샐러리맨들이 직장에서 일을 하고 받는 월급이나 급여를 말한다. 직장에서 제공한 근로의 대가로 받는 월급과 보너스 등을 총급여 또는 근로소득의 수입금액이라고 하며, 여기에서 필요경비를 차감한 것이 바로 근로소득금액이 된다. 그런데 근로소득자들은 사업소득자들과는 달리 필요경비의 사용처와 사용금액이 천차만별이며, 그 금액의 객관적인 측정 또한 쉽지 않기 때문에 총급여액에 비례해서 필요경비를 인정하고 있는데, 이를 근로소득공제라고 한다.

근로소득공제액은 다음 표와 같이 계산하여 공제된다. 이 방법에 따르면 연간 총급여가 많아질수록 근로소득공제율이 줄어들어 상대적으로 고소득 근로자들의 세금부담이 커지게 된다.

총급여	근로소득공제액(근로소득의 필요경비)
500만원 이하	총급여액의 70%
500만원 초과 1,500만원 이하	350만원 + 500만원 초과액의 40%
1,500만원 초과 4,500만원 이하	750만원 + 1,500만원 초과액의 15%
4,500만원 초과 1억원 이하	1,200만원 + 4,500만원 초과액의 5%
1억원 초과	1,475만원 + 1억원 초과액의 2%

* 근로소득금액 = 총급여 – 근로소득공제액   ** 공제한도는 2,000만원임

따라서 연간 총급여(매월 10만원 이하의 식대 등과 같은 비과세 급여는 포함되지 않는다)에 대한 필요경비의 비율은 급여가 올라갈수록 더욱 더 낮아지게 되어 이것이 고액 연봉 근로소득자의 세부담을 높이는 요인으로 작용하게 된다.

다음 2가지 예를 통해 필요경비를 계산해 보자.

① 연봉(총급여)이 3,000만원인 근로자의 필요경비

750만원 + (3,000만원 – 1,500만원) × 15% = 975만원

근로소득금액 = 3,000만원 – 975만원 = 2,025만원이므로

필요경비율은 32.5%(소득률은 67.5%)이다.

② 연봉(총급여)이 7,000만원인 근로자의 필요경비

1,200만원 + (7,000만원 – 4,500만원) × 5% = 1,325만원

근로소득금액 = 7,000만원 – 1,325만원 = 5,675만원이므로

필요경비율은 18.9%(소득률은 81.1%)이다.

2. 근로소득에 대한 특별소득공제

소득세는 개인이 벌어들인 소득에 대해서 내는 세금인데, 개인이 돈을 벌었다고 이에 대해서 모두 세금을 과세하면 개인의 최저생활과 기본적인 사회보장적 지출이 제약받을 수 있다. 더구나 앞서 살펴본 바와 같이 수입금액이 100% 노출되는 근로소득에 대해서 충분한 필요경비의 공제도 이루어지지 않고 있으므로 세법에서는 근로소득자에 대해서는 특별공제라는 항목을 두어 근로자가 교육비·보험료·의료비·주택자금 등과 같은 사회보장적인 경비를 지출한 경우에는 이들 금액을 세금계산과정에서 고려해 주는데, 이를 특별공제라고 한다.

특별공제에는 특별소득공제(건강·고용보험료, 주택자금)와 특별세액공제(보험료, 의료비, 교육비, 기부금)의 두 종류가 있다. 특별소득공제는 근로자의 근로소득금액에서 공제되는 것으로서, 공제액만큼 과세표준이 줄어들게 되므로 공제액에 대해 해당 근로자의 적용세율을 곱한 금액만큼 세금이 줄어든다. 쉽게 말해 근로자가 지출한 건강·고용보험료나 주택자금 등은 급여를 받는 동시에 다시 지출된 금액으로 보아 이를 아예 소득으로 보지 않는다는 뜻이다.

따라서 해당 지출액이 세금을 계산하기 전에 자신의 소득에서 직접적으로 공제됨으써 그만큼 과세표준이 줄어들게 된다. 세율은 과세표준에 곱해지는 것이므로 과세표준이 줄어들면 그에 해당하는 세율(사람마다 자신의 소득세 과세표준의 크기가 다르고 이에 따라 적용세율도 다르다)을 곱한만큼 세금이 줄어든다. 예를 들어 똑같이 300만원을 소득공제받는다면 적용세율이 35%인 소득자는 105만원의 세금이 줄어들지만, 적용세율이 15%인 사람은 45만원의 세금이 줄어들게 되므로 소득공제는 상대적으로 고소득자에게 유리하다. 그러나 특별세액공제는 산출세액에서 직접 공제되는 것으로서, 해당 세액공제액만큼 세금이 직접 줄어들게 된다.

예를 들어 두 사람이 똑같이 보장성보험료를 연간 200만원 납입했다면 두 사람 모두 12%인 24만원을 자신의 세금에서 공제받게 되므로 소득크기에 따른 차별현상이 생기지 않는다.

이러한 특별공제는 근로소득자의 경우에만 공제받을 수 있는 것이며(단, 기부금세액공제는 종합과세되는 이자·배당소득, 기타소득에서도 공제 가능함), 사업자 등 다른 소득자의 경우에는 공제받을 수 없고 대신 7만원(성실사업자는 12만원)을 정액으로 세액공제받게 된다.

(1) 건강·고용보험료공제

근로소득자가 매년 국민건강보험법·고용보험법·노인장기요양보험법에 따라 부담한 보험료를 해당 과세기간의 근로소득금액에서 공제해 준다(사업소득자는 사업주 자신의 국민건강보험료 납부액을 소득공제받지 못하는 대신 전액 필요경비에 산입할 수 있다).

(2) 주택자금공제

주택자금공제란 근로자가 ① 주택마련을 위한 저축금액, ② 주택임차(전세)자금 대출의 원리금상환액 ③ 장기대출을 받아 주택을 취득하고 그 이자를 갚아나갈 경우 이자상환액에 대해 일정금액을 근로소득에서 공제해주는 것을 말한다. 각각의 공제금액과 공제자격요건은 다음과 같다.

이때 공제한도는 주택마련저축과 임차차입금상환액의 경우는 모두 더해 400만원이고, 장기주택저당차입금의 이자상환액 공제액은 앞의 것을 포함하여 500만원(이자지급이 고정금리방식이거나 원리금상환이 비거치식 분할상환방식인 경우에는 1,500만원, 고정금리조건과 비거치식 분할상환조건을 모두 갖춘 경우에는 1,800만원)이다. 따라서 최대 공제한도에 해당되는 금액까지 공제받기 위해서는 월 이자상환액이 150만원까지도 가능하다.

예를 들어 무주택 근로자(연봉 5,000만원)가 장기주택저당차입금 3억원을 연이율 4%(고정금리)로 대출받아 주택을 구입하고 매월 100만원의 이자를 상환했다면 근로소득금액에서 1,200만원을 공제받게 된다. 이 경우 소득공제액 1,200만원의 16.5%(지방소득세(소득세분) 포함)인 198만원의 세금이 줄어들게 되므로 실제로 부담하는 이자율은 3.3%(1,002만

 주택자금공제의 공제금액과 공제자격요건

공제금액	공제자격요건
① 주택마련저축(청약저축·주택청약종합저축)납입액(연간 240만원 한도)×40%	무주택세대주(총급여 7,000만원 이하)
② 주택(주거용오피스텔 포함)임차차입금 원리금상환액 ×40%	무주택세대주(세대원), 주택전용면적 < 25.7평
③ 장기(15년 이상)주택저당차입금의 이자상환액 전액	무주택세대주(세대원), 1주택세대주로서 취득주택의 기준시가 < 5억원

원÷3억원)로 떨어지는 효과가 생긴다.

한편 무주택근로자가 월세를 지출한 경우에는 월세지출액(750만원 한도)의 15%(총급여가 5,500만원 이하인 경우에는 17%)를 근로소득세에서 세액공제한다.

3. 조세특례제한법에 의한 소득공제

(1) 신용카드 등 사용 소득공제

근로자가 소비 지출시 신용카드 등(직불카드·선불카드 및 현금영수증도 포함)을 사용(해외사용분은 제외)하여 결제하면 자신의 연간 총급여의 25%를 초과하여 사용한 금액의 일정비율(신용카드는 15%, 현금영수증과 직불·선불카드 사용분 및 영화·공연관람료는 30%, 전통시장과 대중교통비 사용분은 40%)에 해당하는 금액을 종합소득에서 공제받을 수 있다. 단, 300만원(총급여 7,000만원 초과자는 250만원)을 공제한도로 하되, 전통시장 또는 대중교통 사용분(영화 및 공연 관람료 포함)이 있는 경우에는 추가공제(한도초과액과 전통시장 등 사용액의 40% 중 적은 금액(300만원(총급여 7,000만원 초과자는 200만원) 한도))가 가능하다.

예를 들어 총급여(연봉)가 8,000만원인 사람의 연간 신용카드 등 사용내역이 아래와 같을 경우 연말에 소득공제 받을 수 있는 금액은 다음과 같이 계산된다.

① 전통시장(200만원) 및 대중교통비 사용액(100만원) : 300만원

② 현금영수증 및 체크카드 사용액(①은 제외) : 1,200만원

③ 신용카드 사용액(①은 제외) : 2,600만원

신용카드 등 사용금액(4,200만원)이 최저사용금액 2,000만원(8,000만원×25%)을 초과하므로 공제가 가능하다.

① 전통시장 및 대중교통비 사용액공제 : 300만원×40% = 120만원
② 현금영수증 및 체크카드 사용액공제 : 1,200만원×30% = 360만원
③ 신용카드 사용액공제 : 2,600만원×15% = 390만원

①, ②, ③의 합계액에서 최저사용금액(8,000만원×25%＝2,000만원)의 15%를 차감한다.
(120만원+360만원+390만원) − (2,000만원×15%) = 570만원

※만약 신용카드 사용액이 최저사용금액에 미달할 경우에는 다음의 금액을 차감한다.
(신용카드 사용액×15%)+{(최저사용금액−신용카드 사용액)×30%}

❐ 공제한도는 250만원이지만 한도초과액 320만원과 ①의 금액 120만원 중 적은 금액인 120만원을 추가로 공제(총급여가 7,000만원 초과이므로 200만원이 추가공제 한도임)받을 수 있으므로 소득공제액은 모두 370만원이다.

이때 공제대상이 되는 카드 사용자에는 근로소득자 본인 이외에도 연간 소득이 100만원 이하인 배우자나 생계를 같이 하는 직계존비속(연령제한 없음)도 모두 포함된다. 그러므로 맞벌이 부부의 경우 배우자의 카드 사용액은 포함되지 않으며, 각자의 소득에서 본인 사용분만 공제된다.

그리고 근로소득 특별소득공제와 특별세액공제 대상에 포함된 주택자금과 보험료·교육비·기부금 등은 신용카드사용 소득공제대상에서

제외된다. 그러나 학원비를 신용카드로 결제하거나 지로를 이용하여 납입한 경우에는 교육비세액공제가 안 되는 대신 이를 신용카드 사용액으로 간주하므로 신용카드사용 소득공제대상금액에 포함시킬 수 있다. 또한 의료비를 신용카드로 결제한 경우에는 의료비세액공제와 신용카드사용 소득공제를 중복해서 받을 수 있다.

(2) 장기펀드(장기집합투자증권저축) 소득공제

근로자가 계약기간이 10년 이상인 장기펀드(장기집합투자증권저축)에 2015년 12월 31일까지 가입한 경우 가입한 날로부터 10년 동안 매년 납입한 금액(납입한도는 연간 600만원)의 40%에 해당하는 금액을 근로소득금액에서 공제해 준다. 단, 총급여가 8,000만원을 초과하는 해부터는 소득공제가 배제된다.

(3) 소기업·소상공인 공제부금 소득공제

개인사업자와 법인의 대표자(총급여가 7,000만원 이하인 경우에 한함)가 소기업·소상공인 공제부금(일명 노란우산공제)에 가입하여 공제부금을 납입한 경우 소득금액에 따라 200~500만원을 사업소득(부동산임대사업소득은 제외) 또는 근로소득에서 공제받을 수 있다.

4. 소득공제의 종합한도

종합소득자의 종합소득에서 공제하는 항목 중 주택자금공제와 신용카드사용소득공제, 장기펀드소득공제, 소기업·소상공인소득공제 등의 소득공제금액은 모두 더해 연간 2,500만원까지만 공제가 가능하다.

5. 근로소득에 대한 특별세액공제

(1) 보험료세액공제

근로소득자가 해당 과세기간에 보장성보험(자동차보험이나 생명·상해보험처럼 만기에 환급되는 금액이 납입보험료를 초과하지 않는 보험)에 가입하고 보험료를 납입한 경우 그 금액(일반보장성보험과 장애인전용보장성보험에 대해 각각 연간 100만원 한도)의 12%에 해당하는 금액을 산출세액에서 공제해 준다. 이 경우 보험료는 반드시 근로자 본인 또는 배우자와 부양가족 중 기본공제대상자를 피보험자로 하는 것이어야 하며, 저축성보험은 해당되지 않는다.

예를 들어 자동차보험이나 암보험 등 보장성보험에 가입하고 매월 85,000원씩 연간 102만원의 보험료를 납입했다면 100만원의 12%인 12만원을 산출세액에서 공제받게 되므로 세액공제에 따른 절세금액은 132,000원(소득세에 대한 10%의 지방소득세 포함)으로서 연리 13%(132,000원 ÷ 1,020,000원)의 금리보상효과가 주어지는 셈이 된다.

한편 장애인을 피보험자 또는 수익자로 하는 장애인전용보장성보험의 보험료는 일반보장성보험과 별도로 연간 납입금액 100만원까지 15%의 세액공제가 가능하다.

(2) 의료비세액공제

근로소득자가 기본공제대상자(나이 및 소득의 제한을 받지 않는다)를 위해 의료비를 지급한 경우 세액공제 대상 의료비의 15%에 해당하는 금액을 산출세액에서 공제해 준다.

의료비는 근로자 총급여액의 3%를 초과하여 지출했을 때만 세액공제가 가능하다. 즉, 총급여액의 3% 이내의 의료비는 본인이 부담할 능력이 있는 것으로 보며, 이를 초과한 의료비에 대해서만 세액공제를 해준다. 그러면서 이 역시 세액공제 대상 의료비의 한도를 연간 700만원으로 제한하고 있으니 큰 사고는 입지 말아야 할 것인가 보다.

예를 들어 연봉이 4,000만원인 근로자의 경우는 연간 자기가 부담한 의료비 지출액이 120만원은 넘어야 비로소 의료비세액공제의 혜택(?)을 받게 되는 것이며, 만약 기본공제대상인 배우자와 부양가족(나이와 소득금액의 제한 없음)을 위해 900만원의 의료비를 지출했다면 120만원을 초과한 780만원과 한도액 700만원 중 적은 금액인 700만원의 15%(105만원)를 산출세액에서 공제받는다.

그러나 근로자 본인의 의료비와 장애인 또는 65세 이상인 자의 의료비는 이와는 달리 전액에 대해서 15%의 세액을 공제받을 수 있다. 예를 들어 앞의 사례에서 900만원의 의료비 중 근로자 본인의 의료비가 500만원이고 배우자를 위한 의료비가 400만원이라고 가정하자.

먼저 근로자 본인의 의료비 500만원은 전액이 공제대상이지만 배우자의 의료비는 연간 총급여의 3%(120만원)를 초과하는 금액인 280만원이 세액공제 대상이므로 의료비세액공제 대상금액은 모두 780만원이 된다. 그러나 900만원이 모두 근로자 본인의 의료비여서 본인, 장애인 및 65세 이상인 자 외의 자에 대한 의료비가 연간 총급여의 3%에 미달하는 때에는 본인 의료비에서 3% 미달액(120만원)을 차감한 만큼만 세액공제 대상금액이 된다. 따라서 이 경우 의료비세액공제 대상금액은 780만원이 되므로 두 경우 모두 15%인 117만원의 세액이 공제된다.

(3) 교육비세액공제

근로소득자가 본인 또는 기본공제대상자(나이의 제한을 받지 않는다)를 위해 교육비를 지급한 경우 세액공제 대상 교육비의 15%에 해당하는 금액을 산출세액에서 공제해 준다.

근로소득에서 공제되는 기본공제대상인 자녀(나이 제한 없음)의 교육비는 공교육비(초·중·고생의 방과 후 학교수업료와 급식비, 교과서 대금 및 교복구입비 및 대입전형료·수능응시료 포함)로 제한되고 공제금액에도 제한이 있으며, 그 지출규모가 훨씬 큰 사교육비와 대학원의 교육비는 제외된다. 일단 자녀의 교육비는 유치원(놀이방·어린이집 등 영유아 보육시설과 취학전 아동의 학원비 포함)부터 대학교까지 모두 공제가 되지만 유치원 등과 초·중·고등학교는 1인당 연간 300만원까지, 대학교는 1인당 연간 900만원까지만 세액공제 대상이 된다. 그러나 근로자 본인의 교육비는 대학원을 포함하여 전액에 대해 15%의 세액공제가 가능하다. 또한 근로자가 다니는 직장으로부터 자녀의 교육비 보조금(학비지원수당)을 받았다면 이는 급여로 간주되어 근로자의 연간 수입금액에 포함되므로 이에 대해서도 교육비세액공제를 받을 수 있다.

예를 들어 자녀가 대학교와 고등학교에 다니는 근로소득자의 교육비 명세가 다음과 같다면 교육비세액공제 금액은 모두 159만원{(900만원+160만원)×15%}이 된다.

▶ 큰딸(대학 3학년)   등록금   4,600,000원   ×   2회   =   9,200,000원
▶ 큰아들(고2)   등록금   400,000원   ×   4회   =   1,600,000원
                    영어학원비   500,000원   ×   12회   =   6,000,000원

(4) 기부금세액공제

근로소득자나 종합소득자(사업소득만 있는 자는 제외하며, 사업소득자는 기부금을 필요경비에 산입한다)가 해당 과세기간에 지급한 기부금(기본공제 대상인 배우자와 자녀(나이는 무관)가 지급한 것도 포함한다)이 있는 경우 공제대상 기부금(사업소득금액을 계산할 때 필요경비에 산입한 기부금은 제외)의 15%(세액공제 대상 기부금이 1,000만원을 초과하는 경우 그 초과분에 대해서는 30%)에 해당하는 금액을 종합소득 산출세액에서 공제해 준다.

이 경우 국가나 지방자치단체에 내는 기부금이나 천재지변에 의한 이재민을 위한 기부금 그리고 사회복지시설에 대한 기부금 및 복지재단 등 불우이웃돕기 결연기관을 통한 불우이웃돕기성금이나 사립학교에 대한 기부금(이를 특례기부금이라고 한다)은 전액이 세액공제 대상이지만, 종교·자선·학술·복지 등 공익을 위한 단체 등에 대한 기부금(일반기부금)은 근로소득금액(또는 종합소득금액)의 30%(단, 종교단체기부금은 10%) 범위 내에서 세액공제를 해준다. 그러므로 일반기부금의 경우에는 자신의 소득금액의 30%(또는 10%)를 초과하여 기부한 것은 세액공제받을 수 없다는

것인데, 남을 돕더라도 자기의 분수는 파악하라는(?) 것인 듯싶다.

예를 들어 연봉이 3,000만원인 근로자가 수입의 10%인 300만원을 자신에 다니는 교회에 기부했다면, 이 사람의 근로소득금액은 2,025만원(3,000만원 - 975만원)이므로 2,025,000원(2,025만원×10%)에 대해서만 15%인 303,750원을 세액공제받을 수 있다. 따라서 나머지 975,000원에 대해서는 세액공제를 받을 수 없다. 그러나 좋은 일 하는 마당에 세액공제를 못 받는다고 해서 마다하랴? 더구나 기부금세액공제액이 종합소득 산출세액을 초과하여 당해년도에 공제받지 못한 기부금은 다음 과세기간의 개시일로부터 10년 이내에 이월하여 세액공제받을 수 있다.

6. 기타의 세액공제

(1) 자녀세액공제

종합소득자에게 기본공제대상자에 해당하는 8세 이상 20세 이하인 자녀가 있는 경우 자녀 수에 따라 다음의 금액을 종합소득 산출세액에서 공제해 준다.

① 1명인 경우 : 연 15만원

② 2명인 경우 : 연 30만원

③ 3명 이상인 경우 : 연 30만원 + 2명을 초과하는 1명당 연 30만원

예를 들어 근로자 또는 사업소득자의 자녀가 16세, 19세, 21세일 경우 기본공제 대상 자녀가 2명이므로 30만원을 산출세액에서 공제받게

된다. 또한 해당 과세기간에 출생·입양한 공제대상 자녀가 있는 경우에는 1명당 연 30만원(둘째는 50만원, 셋째는 70만원)을 추가로 공제해준다.

(2) 연금계좌세액공제

종합소득자가 연금계좌에 납입한 금액(연금계좌 납입 한도액은 연간 1,800만원이지만 연금저축세액공제 대상금액은 연간 600만원이며, 본인이 납입한 퇴직연금(IRP)을 포함해서는 900만원 한도임)의 12%(총급여가 5,500만원 이하 또는 종합소득이 4,500만원 이하인 경우에는 15%)에 해당하는 금액을 해당 과세기간의 종합소득 산출세액에서 공제해 준다. 예를 들어 연봉이 5,000만원인 근로자(45세)가 연금저축에 가입하고 600만원을 납입했다면 600만원의 15%인 90만원을 산출세액에서 공제받게 된다. 이 경우 근로자가 별도로 300만원을 본인의 퇴직연금(IRP)계좌에 납입했다면 연금저축 600만원을 포함한 900만원에 대해 15%인 135만원을 세액공제받을 수 있다.

(3) 월세세액공제

과세기간 종료일 현재 무주택세대의 세대주(단독세대주를 포함하며 세대주가 월세세액공제 및 주택자금공제를 받지 않는 경우에는 세대의 구성원을 말한다)로서 총급여액이 7,000만원 이하이면서 종합소득금액이 6,000만원 이하인 근로자가 주택(85㎡ 이하 또는 기준시가 3억원 이하인 주택(주거용오피스텔을 포함))의 월세를 지급한 경우 그 금액(750만원 한도)의 15%(총급여 5,500만원 이하이거나 종합소득이 4,500만원 이하인 경우에는 17%)에 해당하는 금액을 산출세액에서 공제해 준다. 예를 들어 연봉이 5,000만원인 직장인의 월세가 50만원이라면 연간 월세금액 600만원의 17%인 102만원을 세액공제받게 된다.

(4) 표준세액공제

근로소득자가 소득세법에 따른 특별소득공제(건강·고용보험료 및 주택자금) 및 특별세액공제를 신청하지 않은 경우에는 연간 13만원을 종합소득 산출세액에서 공제하고, 근로소득이 없는 거주자로서 종합소득이 있는 사람(예를 들어 사업소득자)에 대해서는 연간 7만원(성실사업자는 12만원)을 종합소득 산출세액에서 공제해 준다.

7. 근로소득세 연말정산이란?

근로소득자들의 월급봉투(요즘은 월급봉투는 없고 월급명세서만 있어 근로자들은 월급 만져보기조차 어렵다)는 흔히들 유리지갑이라고 한다. 그 이유는 근로자들에게 지급되는 급여가 지급하는 회사의 입장에서는 인건비가 되므로 이를 모두 빠짐없이 올려야 회사의 소득세(이를 법인세라고 한다)가 줄어들 수 있기 때문이다. 이렇듯 수입금액이 한푼도 누락될 수 없는 근로소득자들은 사업자들처럼 1년에 한 번만 세금을 내는 것이 아니라 매달 월급을 받을 때마다 사업주 또는 회사가 소득세를 미리 차감하게 되는데, 이를 근로소득세 원천징수라고 한다.

본래 소득세의 과세기간은 1년이므로 근로소득에 대한 납세의무도

12월 31일이 됨으로써 성립되지만, 근로소득자는 매월 급여를 지급받을 때 월급에 대한 소득세를 미리 징수당한다. 매달 월급을 받을 때 소득세를 미리 차감하고 월급이 지급되므로 세금을 안 내고 싶어도 안 낼 수가 없고, 연간 부담할 세금을 매월 나누어서 내기 때문에 금액도 크지 않을 뿐만 아니라 자기가 신고·납부하는 것이 아니므로 세금을 낸다는 기분도 별로 들지 않아 조세 저항도 상당히 줄어드는 등 세금을 걷는 국가의 입장에서는 일석삼조의 효과가 있는 것이다.

그런데 매달 급여를 지급할 때에는 소득자의 소득공제와 세액공제 금액이 확정되지 않았기 때문에 간이세액표라고 하는 것에 의해 개략적으로 세금을 징수할 수밖에 없으며, 1월부터 12월까지의 총급여에 대한 정확한 소득세 금액은 다음해 2월에 계산하게 되는데, 이를 연말정산이라고 한다. 연말정산은 그 다음해 2월분 급여를 지급할 때(단, 퇴직자는 퇴직월의 급여를 지급할 때) 이루어지는데, 1월부터 12월까지 그 사람이 받은 총급여(상여금은 포함하되 비과세되는 급여는 제외된다)에서 근로소득공제를 차감한 금액, 즉 근로소득금액에서 종합소득공제를 하면 과세표준이 계산된다. 과세표준에 해당되는 세율을 곱하면 산출세액이 나오는데, 산출세액에서 각종 세액공제(자녀세액공제, 특별세액공제, 연금계좌세액공제, 월세세액공제, 근로소득세액공제 등)를 차감하면 결정세액이 계산된다. 이 결정세액이 소득자 본인이 부담할 최종세액인 셈이다. 이 금액에서 1월부터 12월까지 이미 징수했던 원천징수세액을 차감하면 추가로 징수하거나 환급해주어야 할 소득세가 계산된다.

| 연간 총급여 | 급여 총액(상여금 포함) – 비과세소득 |

| (–) |
| 근로소득공제 |
| = |
| 근로소득금액 |

기본공제	추가공제
본인과 공제대상인 배우자 및 부양가족 1인당 150만원씩 공제	① 경로우대자(70세 이상) ② 장애인 ③ 부녀자세대주 또는 결혼한 여성 ④ 한부모공제

| (–) |
| 종합소득공제 |

특별소득공제	조세특례제한법에 의한 공제
① 건강·고용보험료 ② 주택자금	① 신용카드 등 사용 소득공제 ② 장기펀드소득공제 ③ 소기업·소상공인공제
	연금보험료공제
	국민연금 등 공적연금기여금(전액)

| = |
| 과세표준 |
| × |
| 세율 |
| = |

※ 특별소득공제와 신용카드 등 사용 소득공제 및 장기펀드소득공제는 근로소득자에게만 적용되며, 소기업·소상공인공제는 사업소득자에게만 적용된다

| 산출세액 |
| (–) |
| 세액공제 |

자녀세액공제	특별세액공제
• 1자녀 : 15만원 • 2자녀 : 30만원 • 3자녀 : 60만원 • 4자녀 : 90만원	① 보험료세액공제(12%) ② 의료비세액공제(15%) ③ 교육비세액공제(15%) ④ 기부금세액공제(15%, 30%)
연금계좌세액공제	근로소득세액공제
납입액(연금저축은 600만원 한도, 퇴직연금을 포함해서는 900만원 한도)의 12%(15%)	• 산출세액 130만원 이하분 : 55% • 산출세액 130만원 초과분 : 30% 〈공제한도〉 • 총급여 3,300만원 이하 : 74만원 • 총급여 7,000만원 이하 : 66만원 • 총급여 12,000만원 이하 : 50만원 • 총급여 12,000만원 초과 : 20만원
월세세액공제	
월세지출액(750만원 한도)의 15%(또는 17%)	

| = |
| 결정세액 |
| (–) |
| 기납부세액
1~12월까지의 원천징수세액 |
| = |
| 차감납부(환급)세액 |

※ 특별세액공제와 월세세액공제 및 근로소득세액공제는 근로소득자에게만 적용되며, 나머지는 모든 소득자에게 적용된다.

05 연말정산 환급액 계산해보기

다음의 자료를 가지고 모 기업의 부장인 박현석 씨의 근로소득세 결정세액과 연말정산 환급액을 계산해 보기로 하자.

- 연봉 : 65,000,000원
- 보험료 납입액

  국민건강보험료 및 고용보험료 : 450,000원 / 자동차보험료 : 300,000원

  종신보험료(배우자) : 600,000원 / 국민연금보험료 : 1,200,000원
- 교육비 지출 내역

  장남(대학1년생) : 4,000,000원 / 차남(고등학생) : 1,300,000원
- 연금저축 납입액 : 6,000,000원
- 다니는 교회에 기부금 650,000원을 헌납했다.
- 신용카드 등의 사용내역은 다음과 같다

  ① 신용카드 사용액(③, ④는 제외) : 9,000,000원

  ② 현금영수증 및 체크카드 사용액(③, ④는 제외) : 20,000,000원

  ③ 전통시장 카드사용액 : 2,000,000원

  ④ 대중교통 카드이용액 : 1,000,000원
- 동거가족은 위 두 자녀(19세, 17세) 외에 소득이 없는 배우자와 부친(71세)이 있다.

1. 총급여 - 근로소득공제 = 근로소득금액

   $65,000,000 - 13,000,000 = 52,000,000$원

2. 근로소득금액 - (기본공제 + 추가공제 + 연금보험료공제 + 특별소득공제 + 신용카드 등 사용 소득공제) = 과세표준

   $52,000,000 - (7,500,000 + 1,000,000 + 1,200,000 + 450,000$

   $+ 4,200,000) = 37,650,000$원

   * 기본공제 : 1,500,000원 × 5명 = 7,500,000원

   * 추가공제 : 경로우대공제(1,000,000원)

   * 연금보험료공제 : 1,200,000원(국민연금보험료)

   * 특별소득공제 : 450,000원(건강·고용보험료)

   * 신용카드 등 사용소득공제(최저사용금액은 16,250,000원(65,000,000원 × 25%)임)

   ① $(2,000,000 + 1,000,000) \times 40\% = 1,200,000$원

   ② $20,000,000 \times 30\% = 6,000,000$원

   ③ $9,000,000 \times 15\% = 1,350,000$원

   ◐ $(1,200,000 + 6,000,000 + 1,350,000) - \{(9,000,000 \times 15\%) +$

   $((16,250,000 - 9,000,000) \times 30\%)\} = 5,025,000$원

   ◐ 한도초과액 2,025,000원과 전통시장사용액(2,000,000원) 및 대중교통이용액 (1,000,000원)의 합계액 3,000,000원의 40%인 1,200,000원 중 적은 금액인 1,200,000원을 추가공제받으므로 공제총액은 4,200,000원이다.

신용카드 등 사용금액공제액 계산법

1. 신용카드 등 사용금액이 최저사용금액(총급여×25%)을 초과하는지 따져본다

2. 공제대상일 경우 다음 순서대로 공제금액을 계산한다.

　① 전통시장 및 대중교통비 사용액 × 40%

　② 현금영수증 및 직불(체크)카드 사용액 × 30%

　③ 신용카드 사용액 × 15%

3. 소득공제액은 ① ② ③의 공제합계액에서 다음의 금액을 차감한 금액이다.

　㉠ 신용카드 사용액이 최저사용금액보다 많은 경우

　　: 최저사용금액 × 15%

　㉡ 신용카드 사용액이 최저사용금액보다 적은 경우

　　: (신용카드 사용액 × 15%) + {(최저사용금액 − 신용카드 사용액) × 30%}

4. 공제액이 300만원(공제한도)을 초과할 경우에는 한도초과액과 ①의 금액 중 적은 금액을 추가로 공제한다(추가공제 한도 300만원).

3. 과세표준×세율 = 산출세액

$$840,000 + (37,650,000 - 14,000,000) \times 15\% = 4,387,500원$$

4. 산출세액 − 세액공제(특별세액공제 + 자녀세액공제 + 연금계좌세액공제 + 근로소득세액공제) = 결정세액

$$4,387,500 - 2,680,500 = 1,707,000원$$

＊특별세액공제 = 보험료세액공제 108,000원(900,000원×12%) + 교육비세액공제

795,000원(5,300,000원×15%) + 기부금세액공제 97,500원(650,000원×15%)

= 1,000,500원

＊자녀세액공제 = 300,000원(2자녀)

＊연금계좌세액공제 = 720,000원(6,000,000원×12%)

＊근로소득세액공제 = 660,000원

만약 박현석 씨가 1월부터 12월까지 매월 급여를 받을 때 원천징수 당한 소득세가 200만원이라면 다음해 2월 연말정산시에는 293,000원을 추가징수 당하게 되고, 원천징수세액이 250만원이라면 793,000원을 환급받게 되며, 이로써 소득세 납세의무는 모두 종료된다.

근로자를 위한 10가지 절세 노하우

1. 세법상으로 소득공제 및 세액공제가 가능한 것들은 모두 이용하자

연금저축을 매월 50만원씩 납입하고, 근로자의 경우 보장성보험료 납입액이 100만원에 미달하면 모자라는 만큼을 반드시 추가로 들자. 예를 들어 연봉이 6,000만원인 사람이 새로 연금저축을 매월 50만원씩 납입하고 월 5만원의 생명보험에 가입하면 연말에 모두 792,000원{(6,000,000원+600,000원)×12%}의 세액을 추가로 공제받을 수 있으며, 지방소득세를 포함하면 871,200원이 절세된다.

또한 총급여 7,000만원 이하인 무주택세대주(배우자나 부양가족이 없는 단독세대주를 포함하여 세대주가 월세세액공제 및 주택자금공제를 받지 않은 경우 세대원도 가능함)인 근로자라면 월세지출액(연간 750만원 한도)의 15~17%를 세액공제받을 수 있으며, 전세자금대출상환액의 40%를 소득공제받을 수 있다는 점도 놓쳐서는 안 된다. 단, 이 경우 임차주택은 국민주택규모(85㎡)를 초과해서는 안 되며, 주거용 오피스텔도 가능하다는 점을 알고 있어야 한다.

2. 항목별 특별소득공제 및 특별세액공제액이 적을 경우에는 반드시 표준세액공제를 신청하도록 하자

특히 미혼이나 자녀가 없는 젊은 사람들은 의료비나 교육비의 지출이 없어 특별공제액이 건강보험료 외에는 없는 경우가 많은데, 이럴 경우에는 표준세액공제 13만원을 공제받는 것이 더 유리하다.

이 경우 건강보험료를 특별소득공제에 포함했을 경우의 세액감소액이 13만원보다 적어야 하므로, 연간 건강보험료 납부액이 적용세율이 6%인 근로자는 217만원, 15%인 근로자는 87만원보다 적을 경우 표준세액공제를 적용받는 것이 더 유리하다. 단, 표준세액공제는 본인이 신청해야 하므로 연말정산시 건강보험료를 비롯해서 모든 특별소득공제(건강보험료·주택자금)와 특별세액공제를 입력하지 않아야 한다.

3. 주택자금소득공제도 좋은 절세방법의 하나가 된다

부동산 가격이 많이 내렸을 때 은행에서 돈을 빌려서 주택을 구입하면 이자상환액을 모두(고정금리 및 비거치식 분할상환조건일 경우 1,800만원 한도) 소득공제받을 수 있는데, 이것도 매월 이자상환액을 50만원 정도로 하면 연말정산시 지방소득세(소득세분)를 포함하여 99만원(소득세율을 15%로 가정한 경우임)의 세금을 돌려받을 수 있다. 다만, 취득한 주택의 규모는 상관없으나 공시가격이 5억원을 초과하는 경우에는 소득공제를 받을 수 없으며, 차입금의 상환기간이 15년 이상으로서 소유권이전등기 후 3개월 이내에 근저당을 설정하거나 주택양도자의 주택을 담보로 차입한 후 즉시 소유권을 주택양수자에게 이전해야 한다.

특히 총급여가 7,000만원 이하인 무주택세대주가 주택청약종합저축에 가입하고 연간 240만원(매월 20만원)을 납입하면 해당 저축에서 이자도 생기지만, 저축액의 40%인 96만원을 소득공제받을 수 있다.

4. 항상 자신의 한계세율을 알고 있도록 하자

과세표준이 1,400∼5,000만원에 속하는 대부분의 근로소득자들은 소득세 적용세율이 15%이므로 여기에 지방소득세(소득세분) 10%를 가산할 경우 소득 증가에 대한 한계세율은 16.5%가 된다. 따라서 다른 소득이 추가될 경우에 세금을 차감한 순소득은 83.5%가 되는 셈이다.

예를 들어 연봉이 3,000만원인 정 대리가 외부 강의를 하고 받은 강의료(기타소득)가 300만원이 있다면 이를 종합소득에 합산하여 신고하는 것이 나을까? 아니면 분리과세하는 것이 나을까?

분리과세할 경우의 소득세액은 필요경비(60%)를 차감한 후의 기타소득금액(120만원)에다 20%의 분리과세 세율을 곱하면 24만원이 된다. 그러나 근로소득에 합산하여 신고할 경우에는 한계세율이 6%(3,000만원에서 근로소득공제 975만원과 종합소득공제 700만원(가정)을 차감하면 과세표준은 1,400만원 이하가 됨)이므로 소득세액은 72,000원(120만원×6%)만 늘어나게 된다. 따라서 이 경우에는 분리과세보다 종합과세가 오히려 더 유리한 것이다.

5. 경비 지출시에는 가능한 한 직불카드(체크카드)를 사용하자

근로자의 경우에는 자신의 연봉의 25%를 초과하여 신용카드를 사용하면 초과사용액의 15%를 소득공제받을 수 있다. 그러므로 현금보다는 카드를 사용하는 것이 유리하며, 소액이어서 현금으로 지출하더라도 반드시 현금영수증(소득공제용)을 발급받아 소득공제를 받도록 해야 한다. 특히 현금영수증 및 직불(체크)카드와 선불카드는 소득공제율이 신용카드(15%)보다 2배나 많은 30%를 적용받을 수 있으므로 이를 최대한 이용하도록 하자. 이 경우 체크카드는 신용카드와 달리 부가혜택이 전혀 없으므로 연봉의 25%까지는 신용카드를 사용하고 25%를 초과하는 금액부터 체크카드와 현금영수증을 사용하는 것이 가장 바람직하다.

그리고 급여구간별 공제한도를 초과하는 사람은 전통시장과 대중교통비(버스·지하철·철도요금)를 카드 등으로 결제할 경우 한도초과액 범위 내에서 사용금액의 40%를 300만원(총급여 7,000만원 초과자는 200만원)까지 추가로 공제받을 수 있다.

또한 의료비는 의료비공제와 중복공제도 가능하므로 반드시 신용카드를 사용하는 것이 좋다. 뿐만 아니라 신용카드 사용액에는 본인 외에 소득이 없는 배우자와 직계존비속의 사용액도 모두 포함되며, 특히 자녀의 경우 연령에 관계 없으므로 자녀들의 소비 지출시에는 현금영수증을 꼭 챙기도록 일러두는 것이 좋다.

6. 보장성보험료세액공제의 요건을 제대로 알아야 한다

보장성보험료에 대한 세액공제는 근로자의 기본공제대상가족을 피보험자로 해야만 공제받을 수 있다. 예를 들어 맞벌이부부가 보험계약을 부인 명의로 하고 남편을 피보험자로 했다면 어느 쪽에서도 공제받을 수 없다. 그러므로 특히 맞벌이부부인 경우에는 보장성보험에 가입할 때 반드시 계약자와 피보험자를 일치시켜야 세액공제를 받을 수 있다.

7. 의료비세액공제는 연령과 소득금액의 제한이 없다

근로자 본인과 배우자, 부양가족을 위해 지출한 의료비는 세액공제 대상인데, 이 경우 배우자와 부양가족은 반드시 기본공제 대상이 아니어도 된다. 즉, 자녀의 연령이 20세를 넘었거나 부모의 연령이 60세가 안 되어 기본공제 대상은 아니더라도 의료비세액공제를 받는 데는 지장이 없다. 또한 소득이 있어서 기본공제 대상이 아니더라도 해당 가족에 대한 의료비세액공제는 받을 수 있다는 점을 알아야 한다. 예를 들어 사업소득이 있는 부인은 남편의 기본공제 대상자가 아니더라도 부인의 의료비 지출액을 근로소득자인 남편의 소득세에서 세액공제받을 수 있다. 그러나 교육비세액공제는 이와는 달리 연령은 관계없지만 소득이 있는 가족에 대한 교육비를 세액공제받을 수 없다.

8. 장기주택저당차입금이자상환액공제는 꼭 결혼한 사람에게만 가능한 것이 아니다

장기주택저당차입금이자상환액은 연간 500만원(고정금리방식이거나 비거치식 분할상환방식인 경우에는 1,500만원, 2가지가 모두 해당되는 경우에는 1,800만원)까지 이자상환액 전액을 공제해 주므로 소득공제에 따른 절세효과가 매우 큰데, 모든 세대주인 근로자가 공제대상이 된다. 그러므로 배우자나 부양가족이 없더라도 근로소득자로서 무주택 또는 1주택을 소유(연도말 현재 2주택자는 불가능함)한 세대주이면 모두 소득공제를 받을 수 있다. 또한 근로자인 세대주가 주택자금공제를 받지 않는 경우에는 근로소득이 있는 다른 세대원이 공제받을 수 있다.

9. 개인종합자산관리계좌에 가입하자

개인종합자산관리계좌(ISA)는 모든 근로자나 사업자가 가입(단, 금융소득종합과세 대상자는 제외됨)할 수 있는 금융상품이다. 가입기간은 3년으로 계약기간 동안 2,000만원에서 최대 1억원까지 저축할 수 있는데, 예금을 비롯해서 펀드 등 각종 투자상품을 모두 포함할 수 있다. 만기나 인출시에는 계좌의 손익을 모두 통산하여 과세하는데 200만원까지는 소득세가 비과세되며, 초과분에 대해서도 9%로 분리과세된다. 다만, 총급여 5,000만원(종합소득금액 3,500만원) 이하인 사람은 400만원까지 비과세된다.

10. 퇴직연금계좌에 추가납입하자

퇴직연금은 본래 회사가 납입해주는 것이다. 그러나 회사가 납입해준 것 외에 근로자 본인이 일정금액을 추가로 납입하면 나중에 퇴직연금액 수령액도 늘어나거니와 해당 금액의 12%(연봉이 5,500만원 이하인 경우에는 15%)를 세액공제받을 수 있다. 다만, 개인연금저축액을 포함해서 납입금액 900만원까지만 세액공제받을 수 있으므로 연간

600만원의 연금저축을 납입하고 있는 경우에는 300만원을 추가납입해서 36만원(또는 45만원)을 추가로 세액공제받고, 따로 연금저축을 가입하지 않은 경우에는 900만원을 추가납입해서 108만원(또는 135만원)을 세액공제받으면 된다. 이 경우 확정기여(DC)형 가입자의 경우에는 본인의 퇴직연금계좌에, 확정급여(DB)형 가입자의 경우에는 별도로 개인퇴직계좌(IRP)를 개설해서 납입하면 된다.

한편, 2017년 7월부터는 개인퇴직계좌(IRP)의 가입대상에 모든 근로자와 사업자가 포함되었다. 따라서 퇴직금제도의 적용대상이 아닌 단기근로자와 공무원, 사립학교교원 등 직역연금 가입자와 사업자들도 퇴직계좌를 만들어 납입한 금액에 대해서는 연금저축을 포함하여 연간 900만원에 대해 세액공제를 받을 수 있으므로 이를 활용하는 것이 좋다.

4장

사장님, 세금을 알아야
돈이 **안 샌다**

01 장부 작성에 따라 세금이 달라진다

1. 사업소득자의 소득금액 계산방법

사업자가 장사를 해서 번 돈을 사업소득이라고 하는데, 사업자의 소득금액 계산은 근로자의 경우와 여러 가지 면에서 차이가 있다.

사업소득이란 1년간의 매출액(수입금액)에서 인건비·임차료·매입비용 등 사업을 위해 쓴 비용(필요경비)을 빼서 계산하는데, 수입금액은 연도 중에 부가가치세 신고를 통해 이미 세무서에 신고된 상태이며, 필요경비를 얼마나 차감하느냐에 따라 사업소득이 달라지게 된다. 필요경비를 계산하기 위해 경비를 지출할 때마다 관련 증빙을 받고 이를 장부에 기록하게 된다.

가장 이상적인 방법은 1년 동안 벌어들인 수입금액에서 이렇게 장부에 의해 확인된 필요경비를 차감하여 소득금액을 계산하는 것이라고 할 수 있다. 그러나 장부가 없는 경우에는 수입금액에다 국가에서 업종별로 미리 정해 놓은 필요경비의 비율(단순경비율 또는 기준경비율)에 따라 소득금액을 계산하게 되는데, 이를 추계과세라고 한다.

장부를 작성하는 데는 일정한 비용(경리직원에 대한 인건비 또는 장부 작성을 세무대리인에게 의뢰할 경우에는 수수료 등)이 들기 때문에 국가에서도 사업자에게 반드시 장부를 작성하라고 강제하지는 않는다. 다만, 추계과세는 정확한 방식이 아니므로 장부 작성비용이 부담되는 영세한 사업자를 제외하고는 가급적 사용하지 않도록 하는 것이 바람직하다. 따라서 업종별로 매출액이 일정규모 이상인 사업자가 장부를 기장하지 않아 사업소득금액을 추계에 의해 결정하는 경우에는 신고불성실가산세를 부과함으로써 불이익을 주고 있다.

또한 근로자들은 매달 월급을 받을 때마다 소득세를 원천납부하고 다음해 2월에 직장에서 연말정산함으로써 소득세 납세절차가 종료되는 데 비해서 사업자들은 1년에 두 번 소득세를 내게 된다.

먼저 11월 16~30일 사이에 1~6월 말까지의 6개월 기간에 대한 소득세로서 전년도에 부담했던 세액의 1/2이 세무서로부터 고지되는데, 이를 중간예납이라고 한다. 그리고 다음해 5월 말까지(성실신고확인대상자는 6월 말까지) 직전 1년간의 소득에 대한 소득세를 계산하여 신고·납부해야 하는데, 이를 확정신고라고 한다. 이때에는 물론 지난해에 중간예납한 세액을 차감한 나머지 금액만을 납부하면 된다.

2. 기장에 의한 신고와 단순(기준)경비율에 의한 추계신고

사업자의 사업소득금액을 계산하는 방법(엄밀하게 표현하면 필요경비를 계산하는 방법)에는 2가지가 있는데, 관련 영수증과 세금계산서 등 증빙에 의해 장부를 기장하고 이에 따라 소득금액을 계산하는 방법과 장부 없이 단순경비율 또는 기준경비율에 의해 소득금액을 추산하여 계산(이를 추계라고 한다)하는 방법이 있다.

(1) 기장에 의한 신고

기장이란 회계를 통해 사업자의 거래내용을 일일이 장부에 기록하는 것을 말하는데, 이와 같이 거래를 1년 동안 장부에 기록하고 마감한 다음 결산하게 되면 손익계산서가 만들어지고 이에 의해서 수익에서 비용을 차감한 당기순이익 금액이 계산된다.

이때 회계장부상의 이익금액은 세무상의 소득금액과 거의 비슷하지만 약간의 차이가 있으므로 이러한 차이를 조정해 주어야 하는데, 이를 세무조정이라고 한다. 이러한 세무조정 항목의 대표적인 것들을 예를 들면 다음과 같다. 이들 항목들은 모두 세무상 필요경비로 인정되지 않는 것들이므로 당기순이익에다 다시 더해 주어야만 한다.

① 소득세와 지방소득세(소득세분)

② 벌금, 과태료, 범칙금, 가산금, 가산세 등

③ 사업과 관련 없는 가사(家事)에 관련된 경비

④ 기업업무추진비의 세무상 한도(3,600만원＋(매출액×0.3%)) 초과액

⑤ 사업주 자신에 대한 인건비 등

예를 들어 장부기장에 따른 손익계산의 결과 당기순이익이 2,300만원으로 계산되었는데, 손익계산서의 비용에 다음과 같은 내용이 포함되었다면 이를 모두 사업소득금액에 포함시켜야 하므로 사업소득금액은 5,874만원이 된다.

- 교통 위반에 따른 범칙금 납부액   40,000원
- 사업과 관련 없는 경비   200,000원
- 급여 중 사업주 본인의 것   35,000,000원
- 기업업무추진비 한도초과액   500,000원

(2) 단순(기준)경비율에 의한 추계신고

사업자의 사업소득금액은 수입금액에서 필요경비를 차감하여 계산하는데, 필요경비는 위와 같이 장부에 의해 확인된 금액을 차감하는 것이 원칙이다. 그러나 영세한 규모의 사업자들로서는 장부를 기

장한다는 것이 현실적으로 어렵기 때문에 필요경비를 객관적으로 확인할 수 없게 된다. 이런 경우에는 국세청에서 미리 정해 놓은 업종별 경비율(국세청 홈페이지(www.nts.go.kr)에 상세하게 나와 있음)을 수입금액에다 곱해 줌으로써 소득금액을 추산에 의해 계산하게 되는데, 이를 추계에 의한 소득금액 결정이라고 한다. 여기서 경비율이란 수입금액에 대한 필요경비의 비율을 말하는 것으로서, 단순경비율이 70%라고 하면 1,000만원어치를 팔았을 경우 필요경비를 차감한 후의 소득금액이 300만원(즉, 필요경비가 700만원)이라는 의미이다.

단순경비율은 해당 업종의 업황 등에 따라 매년 새로이 조정되는데, 단순경비율이 낮아질수록 소득금액도 늘어나 사업자의 소득세 부담도 늘어나게 되며 이는 직접적으로 사업자의 소득세 부담액을 결정짓는다는 점에서 세율 못지 않게 중요한 것이라고 볼 수 있다.

그런데 추계에 의한 소득금액의 결정은 일단 근거과세의 원칙이란 면에서 보면 매우 불합리하고 사업자의 실상을 그대로 반영하는 과세가 될 수 없기 때문에 영세사업자의 경우를 제외하고는 장려하지 않겠다는 것이 정부의 입장이다. 따라서 업종별로 매출액, 즉 직전 과세기간의 수입금액이 일정규모(도소매업은 3억원, 음식숙박업은 1억 5,000만원 등)를 넘는 사업자는 반드시 복식부기에 의한 장부를 기장해야 하며 이를 하지 않아 추계에 의해 소득금액을 신고하는 경우에는 불성실한 신고로 간주하여 신고불성실가산세(산출세액의 20%와 수입금액의 0.07% 중 많은 금액)를 부과한다.

뿐만 아니라 복식부기 기장의무자가 아닐지라도(이를 간편장부 대상자

단순경비율 적용대상 및 복식부기장부를 기장해야 하는 사업자의 기준규모

업 종	기준금액(직전 과세기간 수입금액)	
	단순경비율 적용대상	복식부기장부 기장 대상
보건·의료업, 부동산임대업, 사업서비스업, 교육서비스업	2,400만원 미만	7,500만원 이상
제조업, 건설업, 음식숙박업, 통신업, 금융·보험업	3,600만원 미만	1억 5,000만원 이상
도·소매업, 광업, 축산업, 농업·어업	6,000만원 미만	3억원 이상

※ 2023년 5월에 신고할 2022년 귀속소득에 대한 적용기준은 직전 과세기간인 2021년의 수입금액을 기준으로 한다.

라고 한다) 연간 매출액이 4,800만원을 넘는 개인사업자가 장부를 기장하지 않은 경우에는 산출세액의 20%에 해당하는 무기장가산세를 추가로 부담해야 한다. 그러나 앞서 언급한 일정규모 기준에 미달하는 간편장부 대상 사업자가 복식부기장부를 기장한 경우에는 기장세액공제(산출세액의 20%이며, 100만원이 한도임)를 받을 수 있다.

　한편 장부를 기장하지 않은 사업자 중 매출액이 기준금액(직전 과세기간의 수입금액이 도·소매는 6,000만원, 음식·숙박업은 3,600만원, 부동산임대업 및 사업서비스업은 2,400만원) 미만일 경우에는 단순경비율을 적용하여 소득금액을 추계계산하고, 기준금액 이상인 사업자는 매입원가·임차료·인건비 등 사업의 주요경비는 반드시 실제 증빙과 장부에 의해 확인된 것만 경비로 인정하고 나머지는 기준경비율을 적용하여 추계계산하게 된다. 예를 들어 도·소매업을 영위하는 사업자로서 직전 과세기간의 연간 매출액이 1억 2,000만원인 사업자가 장부를 기장하지 않은 경우에는 매입원가·임차료·인건비 등 주요경비는 증빙이 갖추어진 부분에 대해서만 경비로 인정받고 나머지 부분은 국세청에서 정한 기준경비율(복식부기의무자의 경우에는 기준경비율의 1/2)을 수입금액에 곱한 만큼 인정받는 것이다.

앞서 예를 든 사업자의 주요경비 지출액이 8,000만원이고 기준경비율이 7%라면 사업소득금액은 3,160만원{1억 2,000만원−8,000만원−(1억 2,000만원×7%)}이 된다.

이 경우 주요경비에 대한 증빙이 없어 세부담이 급증하는 것을 막기 위해 기준경비율로 계산한 소득금액과 단순경비율로 계산한 소득금액에 일정배율(간편장부대상자는 2.8배, 복식부기대상자는 3.4배)을 곱한 금액 중 적은 금액으로 결정한다.

또한 당해년도 수입금액(매출액)이 일정규모(신고대상인 해당 과세기간의 수입금액이 도소매는 10억원, 음식·숙박 및 제조업은 5억원, 부동산임대 등 서비스업은 3.5억원)를 초과하는 대규모 개인사업자는 다음해에 종합소득세를 신고하기 전에 반드시 회계사나 세무사로부터 신고내용(수입금액 누락 여부, 가공경비 계상 여부 등)에 대한 검증을 받아야 하는데, 이를 성실신고확인제도라고 한다. 성실신고확인대상사업자에게는 신고기한이 6월 말까지 연장되며, 근로자처럼 교육비와 의료비세액공제의 혜택이 주어지고 확인비용의 60%(120만원 한도)를 세액공제받을 수 있다.

성실신고 대상 여부의 판정 시 사업장이 여러 개일 경우에는 같은 업종끼리 합산하여 수입금액이 가장 많은 업종을 주된 업종으로 결정

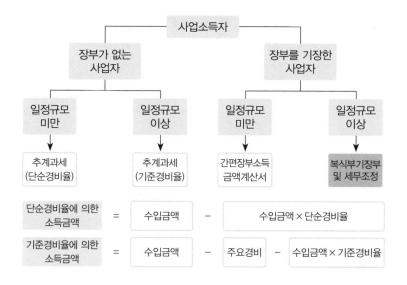

한 후, 주업종 외의 수입금액을 주업종의 수입금액으로 환산하여 더해 판정한다. 또한 공동사업의 경우 공동사업장은 개인 지분과 상관없이 별도로(사업장 단위로) 판단하되, 구성원이 동일한 공동사업장이 2개 이상일 경우에는 합산하여 판정한다. 한편 성실신고 확인을 피하기 위해 법인으로 전환한 성실신고 대상 개인사업자는 법인 전환 이후 3년간은 계속적으로 성실신고 대상이므로 성실신고 확인 후 4월 말까지 법인세를 신고하게 된다.

02 보험만 잘 들어도
세금이 줄어든다

보험이란 본래 미래의 불확실한 상황에 대비하기 위해 미리 준비하는 보장자산으로 가입하는 것이다. 한치 앞을 내다보지 못하는 게 우리네 인생이므로, 언제 어떤 일이 벌어져서 나와 내 가족의 운명이 어떻게 될지 모르는 것이다. 게다가 문명이 발달할수록 사회는 더욱 복잡, 다양해지고 그러한 환경에 노출되어 있는 현대인은 늘 뭔가 불안하고 의지하고 싶은 마음이 들게 마련인데, 현대인의 이런 요구를 충족해 주는 것이 바로 보험이다. 물론 이와 같은 순수한 의미에서의 보장성보험 이외에 저축기능을 하는 보험상품도 있다.

보험은 이와 같이 사회보장장치로서의 기능을 하는 것이기 때문에 국가에서는 국민의 보험 가입을 장려하기 위한 여러 가지 배려를 하고 있는데, 그 중의 하나가 바로 세제상의 인센티브이다.

1. 개인이 가입한 보험에 대한 세금혜택

개인이 보험에 가입하는 경우 받게 되는 세제상의 혜택은 크게 4가지가 있다. 첫째 근로자에 한해 납입한 보장성보험료(100만원 한도)의 12%를 자신의 근로소득세 산출세액에서 공제받아 결국은 근로소득세를 적게 내는 것이며, 둘째 연금보험에 가입한 경우 납입금액(연간 600만원 한도)의 12%(총급여가 5,500만원 이하 또는 종합소득이 4,500만원 이하인 경우에는 15%)를 종합소득세에서 세액공제받을 수 있고, 셋째 사고 또는 만기에 돌려받는 보장성보험의 보험금이나 장기(10년 이상)저축성보험의 보험차익에 대해 이자소득세를 내지 않는 것(비과세)이다. 마지막으로 유가족이 보험회사로부터 보험금을 상속받을 경우 일정금액을 상속세 과세대상에서 제외한다는 점이다.

(1) 보험료에 대한 특별세액공제

근로소득자가 보장성보험(만기에 되돌려받는 보험금이 아예 없거나 보험기간 동안 낸 보험료보다 적은 보험을 말한다)에 가입하고 보험료를 낸 경우 납입한 보험료(100만원 한도)의 12%를 매년 자신의 근로소득세에서 공제받을 수 있다. 예를 들어 매월 85,000원 정도 납입되는 자동차보험·상해보험이나 암보험·종신보험 같은 보장성보험을 들면 연말에 12만원을 세액공제받음으로써 결국은 근로소득세를 적게 내게 된다. 또한 매월 급여 수령시 강제적으로 징수당하는 건강보험의 보험료는 전액을 근로소득에서 소득공제받게 된다.

그런데 보장성보험료에 대한 세액공제는 근로자에게만 적용되며, 사업소득자에게는 적용되지 않는다. 다만, 사업자가 자기 사업과 관련해 납입한 보험료(화재보험료, 사업용차량의 보험료 등)와 사업자가 낸 자신의 건강보험료는 사업의 필요경비로 공제받을 수 있다.

(2) 연금저축에 대한 세액공제

종합소득자가 금융회사 등에 연금보험(저축·펀드)을 들면 연간 납입액(600만원 한도)의 12%(총급여가 5,500만원 이하 또는 종합소득이 4,500만원 이하인 경우에는 15%)를 종합소득세 산출세액에서 공제받을 수 있다. 이러한 연금보험 등에 대한 세액공제는 사업소득자를 포함한 모든 종합소득자에게 다 적용된다. 따라서 금융회사를 통한 연금보험(저축·펀드) 가입을 통해 종합소득자는 연간 최대 90만원의 소득세를 절세할 수 있다. 예를 들어 연봉이 6,000만원인 봉급생활자가 매월 50만원의 연금보험(저축·펀드)과 85,000원의 보장성보험에 가입하고 1년에 702만원을 납입했다면, 연말에 소득세 계산시 84만원((600만원+100만원)×12%)의 세금을 덜 내게 되는 셈인데, 이는 납입한 보험료에 대해 연간 12%(84만원÷702만원)의 금리효과가 발생하는 셈이다(소득세에 대해서는 10%의 지방소득세(소득세분)가 부과되므로 이것까지 감안하면 약 13%의 절세효과가 주어지는 셈이다).

여기서 모든 소득자에게 적용되는 연금보험(저축·펀드)에 대해 좀 더 자세히 알아보도록 하자.

2012년 말 이전에 가입한 연금저축의 경우 매년 세액공제를 받기 위해서는 납입기간이 10년 이상이어야 하고, 55세 이후부터 수령하되 최소 5년 이상의 기간 동안 연금으로 수령해야 한다. 그러나 2013년부터는 최소납입기간이 5년 이상으로 단축되는 대신 연금수령의무기간이 10년 이상으로 길어졌다. 연금저축과 퇴직연금을 합친 연금계좌의 납입가능액은 연간 1,800만원이지만 12%(또는 15%)의 세액공제는 연간 납입금액 900만원(연금저축은 600만원, 퇴직연금을 포함해서는 900만원임)까지 가능하다. 또한 연금수령은 최소납입기간을 채운 후 55세 이후에 가능한데, 연간 연금수령한도 내에서만 연금으로 인출하게 된다. 이 경우 한도를 초과한 인출액에 대해서는 연금외수령으로서 기타소득세 또는 퇴직소득세가 과세된다.

그런데 연금보험(저축·펀드)을 납입하다가 중도에 해약해서 해약일시금을 받거나, 만기시에 연금이 아닌 일시금을 받는 경우에는 그동안 세액공제받은 연금계좌 납입액과 이자 등 운용수익 부분에 대해서는 기타소득으로 과세된다는 점에 유의해야 한다. 예를 들어 매월 50만원씩 연금보험(저축·펀드)을 납입하다가 4년만에 해약하여 납입원금 2,400만원에 운용수익 200만원을 포함하여 2,600만원을 받았다면 그 중 운용수익 200만원과 4년 동안 세액공제받은 연금납입액 2,400만원의 합계 2,600만원에 대해서는 이를 기타소득으로 보아 15%의 세율을 적용하여 390만원을 원천징수하게 된다. 이때 기타소득이 연간 300만 원을 초과하더라도 다른 종합소득에 합산하여 과세하지는 않는다. 즉, 연금해지일시금에 대한 기타소득세 과세는 원천징수로 마무리되는 분리과세에 해당한다. 하지만 매년 12%를 세액공제받았다면 기타소득 세(15%)로 추징당하는 금액이 더 많으므로 중도해약은 하지 않는 것이 좋다.

한편 국민연금보험료의 납입액에 대해서는 모든 종합소득자가 전액을 종합소득에서 소득공제받을 수 있다.

(3) 장기저축성보험차익에 대한 비과세

보험차익이란 보험계약자가 만기에 돌려 받는 보험금과 그 동안 납입한 보험료의 차이를 말하는 것인데, 보장성보험의 경우에는 보험기간 만료시에 받게 되는 만기보험금이 아예 없거나 또는 납입보험료보다 적은 금액을 받게 되므로 납입보험료에 대한 차익소득이 발생할 여지가 전혀 없다. 따라서 만기보험금에 대해서 전혀 소득세를 과세하지 않으며, 보험사고가 발생하여 받게 되는 보험금도 이를 소득으로 보지 않기 때문에 전혀 소득세를 과세하지 않는다.

그런데 저축성보험의 경우라면 당연히 보험료 납입액보다 만기 지급액이 더 많게 되며, 이는 세법상 이자소득으로 간주되는 것이므로 당연히 이자소득세를 내야 한다. 그러나 저축성보험 중에서도 보험기간이 10년 미만인 것만 보험금과 보험료 납입액의 차이를 이자소득으로 보아 이자소득세를 내게 되고, 10년 이상인 것은 보험차익에 대해 전혀 과세하지 않는다. 단, 계약기간은 10년 이상이지만 10년이 경과하기 전에 납입한 보험료를 확정된 기간 동안 연금형태로 분할하여 지급받는 경우(확정형 즉시연금)와 월납입식(150만원 이내)이 아닌 일시납 저축성보험으로서 납입보험료가 1억원을 초과하는 경우(상속형 즉시연금)에는 보험차익에 대해 이자소득세가 과세된다. 그러므로 확정형 즉시연금이라고 하더라도 10년이 지난 후 연금을 수령하거나 계약기간이 10년 이상인 월납입식(납입기간은 5년 이상, 월납입액은 150만원 이내) 저축성보험과 납입보험료 합계액이 1억원 이하인 상속형 즉시연금 또는 종신형 즉시연금은 이자소득세가 비과세된다.

한편 납입한 금액(연간 600만원 한도)에 대해서 12%(또는 15%)의 세액공제를 받게 되는 연금보험(저축·펀드)의 경우 연금수령액에 대해서는 종합소득의 일종인 연금소득으로 분류하여 과세한다(연금소득에 대한 과세방법은 제5장에서 설명).

다만, 연금저축에 대해서도 다음 2가지 경우에는 그 원천에 따라 기타소득세 또는 퇴직소득세를 물리게 되는데, 첫째는 만기시에 연금이 아닌 일시금의 형태로 수령하는 경우이고, 둘째는 중간에 해약을 하는 경우이다.

이렇듯 현행 세법은 개인이 납입한 보장성보험료와 연금보험(저축·펀드) 납입액에 대해서는 세액공제를 통해 소득세를 덜 내게 해주고, 사고나 만기시 수령하는 보장성보험금에 대해서는 이를 소득으로 보지 않으며, 10년 이상의 장기저축성보험의 보험차익 중 세법에서 정한 것에 대해서는 이자소득세를 비과세하는 혜택을 부여하고 있다. 단, 보장성보험료에 대한 세액공제는 근로소득자만 받을 수 있으나 연금보험(저축·펀드)에 대한 세액공제와 국민연금보험료에 대한 소득공제는 자영업자를 포함한 모든 종합소득자들이 받을 수 있다는 점에서 차이가 있다.

(4) 상속보험금에 대한 금융재산상속공제

피상속인(사망자)이 사망함에 따라 상속인이 보험회사로부터 보험금을 받는 경우 피상속인이 보험계약자로서 보험료를 납입했다면, 동 보험금은 상속재산으로 간주되어 상속세를 내게 된다. 그러나 이 경우에도 상속재산에 포함된 보험금에 대해서는 그 금액의 20%를 공제받을 수 있다. 이를 금융재산상속공제라고 하는데, 공제액이 2,000만원이 안 될 경우에는 2,000만원을 공제하며, 최고 공제한도는 2억원이다.

예를 들어 아버지가 자신을 피보험자로 하는 1억원짜리 생명보험을 들어 보험료를 500만원을 납입하고 사고로 인해 사망했을 경우, 상속인이 받은 1억원의 보험금 중 2,000만원을 상속재산에서 공제받는 것이다. 이 경우 만약에 보험료 납입액 500만원 중 250만원은 피상속인이 아닌 어머니가 납입한 것이라면 상속재산으로 간주되는 보험금은 피상속인이 납입한 부분에 해당하는 금액인 5,000만원(1억원×250만원÷500만원)이 되며, 이때에도 2,000만원의 공제액을 차감하여(5,000만원×20%=1,000만원이지만 금융재산상속공제의 최저금액은 2,000만원임) 상속세 과세가액은 3,000만원이 된다.

2. 법인 또는 개인사업주가 가입한 보험에 대한 세금혜택

퇴직연금이란 근로자가 퇴직시 금융회사로부터 퇴직금을 연금형식으로 지급받는 것을 말하며, 이를 위해 매년 회사(또는 개인사업주)가 부담하여 금융회사에 납입하는 것을 퇴직연금부담금이라고 한다. 퇴직연금은 향후 퇴직금 지급을 가능하게 하기 위한 사외적립제도이기 때문에 근로자는 안정적으로 퇴직금수급권을 보장받을 수 있다. 그러므로 제도정착과 활성화를 위해 세법에서는 회사(또는 개인사업주)가 부담한 퇴직연금부담금에 대해서 다음과 같은 2가지 세제혜택을 주고 있다.

첫째는 회사나 개인사업주가 근로자의 퇴직연금부담금을 납입해 주면 이를 경비로 처리할 수 있게 되어 회사의 법인세나 사업소득세를 덜 내게 되는 것이고, 둘째는 근로자를 수급자로 하는 연금의 부담금을 회사 또는 사업주가 대신 지불한 것임에도 불구하고 이를 근로자의 소득으로 간주하지 않는다는 점이다. 물론 퇴직연금을 수령할 경우에는 근로자에게 연금소득세가, 일시금으로 수령할 경우에는 퇴직소득세가 각각 과세되지만 이는 그리 많지 않다.

(1) 퇴직연금부담금의 손금(경비)인정

근로자가 회사에서 근무하다 퇴직하면 퇴직금을 주는데, 이같은 퇴직금은 인건비의 일부로서 회계상으로는 재직 중인 근로자에 대해 매년 발생(증가)된 만큼을 비용으로 넣게 된다.

그런데 세법에서는 아직 지급되지 않은 근로자에 대한 퇴직금비용을 손금으로 인정하지 않는다. 하지만 금융회사에 근로자를 수급자로 하는 퇴직연금에 가입하여 부담금을 납입하면 동 연금부담금만큼은 손금인정을 받을 수 있기 때문에 법인세나 사업소득세가 절약되는 효과를 얻을 수 있다.

퇴직연금이란 근로자의 퇴직을 연금의 지급사유로 하는 금융상품으로서, 회사가 근로자의 퇴직금 지급에 소요되는 자금을 마련하기 위해 은행·증권·보험회사 등 금융회사와 계약을 체결하고 연금부담금을 납입하는 것을 말한다. 금융회사는 이를 재원으로 해서 근로자가 퇴직을 하면 퇴직금을 지급하게 되는데, 퇴직연금에는 확정기여(DC)형과 확정급여(DB)형의 2가지가 있다.

확정기여형이란 연봉의 1/12 이상에 해당하는 만큼을 퇴직연금부담금(기여금)으로 근로자의 퇴직연금계좌에 매년마다 직접 넣어주는 방식이다. 근로자는 매년 적립된 금액의 운용성과에 따라 나중에 금융회사로부터 퇴직연금을 지급받게 되므로 퇴직연금 액수가 달라질 수 있다.

반면에 확정급여형은 퇴직연금을 지급하기 위해 회사 계좌에 따로 적립·운용을 해나가는 방식으로서, 이를 인출해서 퇴직연금 지급재원으로 사용하는 방식을 말한다. 따라서 회사의 운용성과에 상관없이 근로자가 받을 퇴직금 액수는 보장된다. 어느 경우이건 퇴직연금부담금은 이를 지출한 회사나 사업주에게는 손금(필요경비)으로 인정해 주고, 근로자에게는 근로소득세를 비과세하게 된다.

예를 들어 과세표준이 2억원인 사업주가 근로자들에게 지급해야 할 퇴직금 소요액을 마련하기 위해 퇴직연금에 가입하여 금년도에 1,000

만원을 예치(납입)했다고 하자. 이렇게 했을 경우 회사에게는 어떤 혜택이 주어지는 것일까?

이 경우 납입한 연금부담금 1,000만원이 모두 필요경비로 인정되기 때문에 1,000만원×41.8%(과세표준 1.5억원 초과시 적용되는 소득세율 38%와 지방소득세(소득세분) 3.8%(소득세의 10%)를 합한 것)의 금액인 418만원의 소득세를 덜 내게 된다.

(2) 단체보장성보험료의 손금(경비)인정

단체보장성보험이란 근로자의 사망·상해·질병을 보험금의 지급사유로 하고 근로자를 피보험자와 수익자로 하는 보험으로서, 만기에 납입보험료를 환급하지 않는 보험(순수보장성보험)과 만기에 납입보험료를 초과하지 않는 범위 내에서 보험료가 환급되는 보험(단체환급부보장성보험)을 말한다.

이 같은 단체보장성보험의 보험료를 법인이나 사업주가 부담하는 경우에도 동 보험료를 손금(경비)으로 인정받을 수 있기 때문에 앞의 퇴직연금부담금과 같은 혜택을 볼 수 있다. 다만, 퇴직연금부담금과는 달리 단체보장성보험료는 연간 70만원까지만 근로자의 소득(근로소득)으로 간주하지 않고, 70만원을 넘는 금액을 납입했다면 초과되는 금액을 근로자의 근로소득에 합산하여 근로소득세를 내야 한다는 점이 다르다. 그러므로 70만원 이하의 금액은 회사의 보험료로 처리하면 되지만 초과되는 금액은 급여로 처리하여 반드시 근로소득세를 원천징수해야 한다. 단, 이와 같이 근로소득에 합산된 경우라면 근로자는 보험료에 대한 세액공제를 받을 수 있게 된다.

반면에 이와 같은 단체보장성보험이 아닌 만기환급형보험이나 일반 저축성보험 또는 생명보험의 보험료를 회사나 사업주가 일부 대납해 주는 경우는 어떻게 될까? 이는 법인이나 사업주의 소득금액을 계산할 때 손금(경비)으로 인정이 안 되며, 보조를 받은 근로자의 입장에서도 추가급여를 받은 셈이 되므로 전액이 근로소득에 합산되어 근로소득세를 부담해야 한다. 그러므로 이때에도 근로자를 위해 대신 내준 보험료를 보험료 또는 복리후생비가 아닌 급여(인정상여)로 처리하여 근로소득세를 원천징수해야 한다.

한편 근로자를 수익자로 하는 보험의 보험료를 회사나 사업주가 지급한 경우 단체보장성보험료를 제외하고는 모두 회사의 손금(경비)으로 인정이 안 된다. 그리고 이때 단체보장성보험은 반드시 근로자를 보험금 수익자로 해야만 지급한 보험료를 손금(경비)으로 인정받을 수 있다.

그러나 근로자의 업무상 재해 및 사망을 보험금의 지급사유로 하는 재해보험의 경우에는 회사나 사업주를 수익자로 정해도 손금(경비)인정이 된다. 단, 만기에 일정액을 환급받는 형태인 경우 만기환급금에 대한 보험료 상당액은 자산으로 처리해야 하며 손금(경비)처리가 불가능하다.

03 사장님의 종합소득세 신고 따라하기

수원에서 옷가게를 하는 주춘옥 씨의 사례를 가지고 사업소득금액에 대한 소득세를 계산하는 방법과 종합소득세 신고서를 작성하는 요령을 배워보기로 하자.

주춘옥 씨는 간편장부 기장은 했으나 소매업으로서 연간 매출액이 3억원 미만이므로 세무조정을 하지 않고 간편장부소득금액계산서에 의해 신고하기로 했다.

- 매출액 : 127,644,919원
- 기초재고액 : 11,001,230원
- 매입액 : 93,536,149원
- 기말재고액 : 12,387,370원
- 동거가족상황 : 본인, 남편(소득 있음), 자녀(22세), 모친(71세)
- 연금저축 납입액 : 6,000,000원
- 중간예납세액은 없음
- 인건비 : 4,800,000원
- 세금과 공과금(범칙금) : 141,610원
- 임차료 : 2,000,000원
- 기타경비 : 1,131,345원

1. 먼저 총수입금액 및 필요경비명세서를 작성하는데, 여기에 들어
   가는 내용들은 대략 위와 같은 것들이므로 장부에서 이러한 수치
   들을 미리 뽑아낸다. 매출원가는 기초재고액에다 당기의 매입액
   을 더한 금액에서 기말재고액을 빼면 된다.

2. 그 다음에는 간편장부소득금액계산서(장부 또는 증빙에 의한 경우)
   를 작성하고 매출원가와 기타 필요경비의 금액은 앞에서 작성한
   총수입금액 및 필요경비명세서의 금액과 똑같이 기입하면 된다.
   단, 세무상으로 경비가 인정되지 않는 금액만 필요경비 불산입란
   에 기입하고 이를 다시 더해 주면 사업소득금액이 계산된다.

   • 사업소득금액 :

   총수입금액(매출액) – 매출원가 – 기타 필요경비 + 필요경비불산입액

   $= 127,644,919 - 92,150,009 - 8,072,955 + 141,610 = 27,563,565$원

3. 사업소득금액에서 소득공제 450만원(기본공제 300만원+추가공제 150
   만원(경로우대 100만원+배우자 있는 여성 50만원))을 차감하여 과세표준
   을 계산한다.

   • 과세표준 : 사업소득금액 – 소득공제

   $= 27,563,565 - 4,500,000 = 23,063,565$원

4. 산출세액 및 결정세액은 다음과 같다.

   • $840,000 + (23,063,565 - 14,000,000) \times 15\% = 2,199,530$원(산출세액)

   • $2,199,530 - \{70,000$(표준세액공제)$ + 900,000$(연금계좌세액공제)$\}$

   $= 1,229,530$원(결정세액)

종합소득세 과세표준 확정신고 및 자진납부계산서

(31쪽 중 제3쪽)

관리번호	-

(2022년 귀속)종합소득세·농어촌특별세·지방소득세 과세표준확정신고 및 납부계산서

거주구분	거주자1 /비거주자2
내·외국인	내국인1 /외국인9
거주지국	거주지국코드

❶ 기본사항

① 성 명	주 춘 옥	② 주민등록번호	5 5 1 1 0 9 - 2 0 3 5 2 1 9
③ 주 소	경기도 성남시 분당구 서현동 꿈동산아파트 104동 605호		
④ 주소지 전화번호	031-777-7777	⑤ 사업장 전화번호	031-999-9999
⑥ 휴 대 전 화	010-777-7777	⑦ 전자우편주소	webmaster@jean.co.kr
⑧ 신 고 유 형	11자기조정 12외부조정 14성실신고확인 (20)간편장부 31추계-기준율 32추계-단순율 40비사업자		
⑨ 기 장 의 무	1복식부기의무자 (2)간편장부대상자 3비사업자		
⑩ 신 고 구 분	(10)정기신고 20수정신고 30경정청구 40기한후신고 50추가신고(인정상여)		

❷ 환급금 계좌신고 (2천만원 미만인 경우)	⑪ 금융기관/체신관서명	국민은행	⑫ 계좌번호	777-77-7777

❸세 무 대리인	⑬성 명		⑭ 사업자등록번호	- -	⑮ 전화번호	
	⑯대리구분 1기장 2조정 3신고 4확인		⑰ 관리번호	-	⑱ 조정반번호	-

❹ 세액의 계산

구 분		종합소득세		지방소득세		농어촌특별세
종합소득금액	⑲	27,563,565				
소득공제	⑳	4,500,000				
과세표준(⑲-⑳)	㉑	23,063,565	㊶	1,229,530	(51)	
세율	㉒	15%	㊷	10%	(52)	
산출세액	㉓	2,199,530	㊸	122,950	(53)	
세액감면	㉔					
세액공제	㉕	970,000				
결정세액(㉓-㉔-㉕)	㉖	1,229,530			(54)	
가산세	㉗				(55)	
추가납부세액 (농어촌특별세의 경우에는 환급세액)	㉘				(56)	
합계(㉖+㉗+㉘)	㉙	1,229,530			(57)	
기납부세액	㉚		㊹		(58)	
납부(환급)할 총세액(㉙-㉚)	㉛	1,229,530	㊺	122,950	(59)	
납부특례세액 차감	㉜				(60)	
납부특례세액 가산	㉝					
분납할세액 2개월 내	㉞					
신고기한 이내 납부할 세액(㉛-㉜+㉝-㉞)	㉟	1,229,530	㊻	122,950	(61)	

신고인은 「소득세법」 제70조, 「농어촌특별세법」 제7조, 「지방세법」 제95조 및 「국세기본법」 제45조의3에 따라 위의 내용을 신고하며, **위 내용을 충분히 검토하였고 신고인이 알고 있는 사실 그대로를 정확하게 적었음을 확인합니다.**

2023 년 5 월 31 일

신고인 (서명 또는 인)

세무대리인은 조세전문자격자로서 위 신고서를 성실하고 공정하게 작성하였음을 확인합니다.

세무대리인 (서명 또는 인)

접수(영수)일

분당세무서장 귀하

첨부서류(각 1부)		전산입력필	(인)

간편장부소득금액계산서

■ 소득세법 시행규칙 [별지 제82호서식] <개정 2015.3.13.>

(앞 쪽)

간편장부소득금액계산서(2022 귀속)

①주소지	경기도 성남시 분당구 서현동 꿈동산아파트 104- 605			②전화번호 031-777-7777		
③성 명	주 춘 옥			④생년월일 551109		

사업장	⑤ 소 재 지	수원			
	⑥ 업 종	소매/의류			
	⑦ 주 업 종 코 드	523220			
	⑧ 사업자등록번호	212-06-78042			
	⑨ 과 세 기 간	. . .부터	. . .부터	. . .부터	. . .부터
		. . .까지	. . .까지	. . .까지	. . .까지
	⑩ 소 득 종 류	(30, ㊵)	(30, 40)	(30, 40)	(30, 40)

총수입금액	⑪장부상 수입금액	127,644,919			
	⑫수입금액에서 제외할 금액				
	⑬수입금액에 가산할 금액				
	⑭세무조정 후 수 입 금 액 (⑪-⑫+⑬)	127,644,919			

필요경비	⑮장 부 상 필 요 경 비 (부표 ③의 금액)	100,222,964			
	⑯필요경비에서 제외할 금액	141,610			
	⑰필요경비에 가산할 금액				
	⑱세무조정 후 필요경비 (⑮-⑯+⑰)	100,081,354			

⑲차가감 소득금액(⑭-⑱)	27,563,565			
⑳기부금 한도초과액				
㉑기부금이월액 중 필요경비 산입액				
㉒ 해 당 연 도 소 득 금 액 (⑲+⑳-㉑)	27,563,565			

「소득세법」 제70조제4항제3호 단서 및 같은 법 시행령 제132조에 따라 간편장부소득금액계산서를 제출합니다.

2023 년 5 월 31 일

제 출 인   주 춘 옥   (서명 또는 인)

세무대리인   (서명 또는 인)

분당 세 무 서 장 귀하

첨부서류	총수입금액 및 필요경비명세서(별지 제82호서식 부표) 1부	수수료 없 음

210mm×297mm[백상지 80g/㎡(재활용품)]

총수입금액 및 필요경비명세서

■ 소득세법 시행규칙 [별지 제82호서식 부표] <개정 2015.3.13.>

(앞 쪽)

총수입금액 및 필요경비명세서(2022 귀속)

①주소지	경기도 성남시 분당구 서현동 꿈동산아파트 104- 605	②전화번호 031-777-7777
③성 명	주 춘 옥	④생년월일 551109

	⑤ 소 재 지	수원			
사업장	⑥ 업 종	소매/의류			
	⑦ 주 업 종 코 드	523220			
	⑧ 사업자등록번호	212-06-78042			
	⑨ 과 세 기 간	. .부터 . . .까지	. . .부터 . . .까지	. . 부터 . . 까지	. . 부터 . . .까지
	⑩ 소 득 종 류	(30, ㊵)	(30, 40)	(30, 40)	(30, 40)
장부상 수입금액	⑪ 매 출 액	127,644,919			
	⑫ 기 타				
	⑬수입금액 합계(⑪+⑫)	127,644,919			
필 요 경 비	매 출 원 가	⑭ 기 초 재 고 액	11,001,230			
		⑮당기 상품매입액 또는 제조비용(㉔)	93,536,149			
		⑯기 말 재 고 액	12,387,370			
		⑰매출원가(⑭+⑮-⑯)	92,150,009			
	제 조 비 용	재 료 비	⑱기초 재고액				
			⑲당기 매입액				
			⑳기말 재고액				
			㉑당기 재료비 (⑱+⑲-⑳)				
		㉒노 무 비				
		㉓경 비				
		㉔ 당기제조비용 (㉑+㉒+㉓)				
	일 반 관 리 비 등	㉕급 료	4,800,000			
		㉖제 세 공 과 금	141,610			
		㉗임 차 료	2,000,000			
		㉘지 급 이 자				
		㉙접 대 비				
		㉚기 부 금				
		㉛기 타	1,131,345			
		㉜일반관리비등계 (㉕+㉖+㉗+㉘+㉙+㉚+㉛)	8,072,955			
㉝필요경비 합계 (⑰+㉜)		100,222,964			

210mm×297mm[백상지 60g/㎡ (재활용품)]

사장님을 위한 10가지 절세 노하우

1. 추계에 의한 과세와 장부기장에 의한 과세 중에서 어느 것이 유리한 지를 따져 보아야 한다

이를 위해서는 자신이 운영하는 사업체의 경비율이 얼마인지를 먼저 파악해야 한다. 수입금액이 적을 경우에는 추계에 의한 과세가 유리하지만 수입금액이 일정규모를 넘어서면 장부기장에 의한 과세가 유리하다. 양자의 분기점이 되는 수입금액의 규모는 업종에 따라 조금씩 다르나 대략 연간 매출액이 1억 5,000만원을 넘게 되면 장부기장이 유리한 것으로 알려져 있다. 이때 장부기장을 하는 경우에는 장부기장에 따르는 별도의 비용이 든다는 점을 고려해야 하며, 그 반대급부로 세무대리인을 통해 소득세 신고를 하면 비교적 뒤탈(?)이 발생할 염려가 적어지는 효익을 누리게 된다는 점도 감안해야 할 것이다. 특히 사업 초기에 발생한 결손금(마이너스의 소득을 뜻함)을 미래의 소득에서 공제(15년간 이월공제가 가능하다)받기 위해서는 반드시 장부를 기장해야만 한다. 그리고 일정규모 미만의 사업자가 복식부기에 의한 장부를 기장하면 20%의 기장세액공제를 받을 수 있지만, 장부를 기장하지 않을 경우에는 연간 매출액 4,800만원 미만의 소규모사업자를 제외하고는 무기장가산세(20%) 또는 일정규모 이상의 사업자는 신고불성실가산세(산출세액의 20%와 수입금액의 0.07% 중 큰 금액)가 적용된다는 점을 고려해야 한다.

2. 복식부기 대상 사업자는 승용차에 대한 비용 규제를 조심하라

승용차는 사업용으로도 사용되지만, 개인적(사적) 용도로 사용될 수도 있다는 점을 감안하여 세법에서는 복식부기 대상 사업자에 한해 승용차에 대한 유류대와 감가상각비 등 차량 관련 비용을 1대당 연간 1,500만원까지만 인정한다. 만약 그 이상 인정 받으려면 운행일지를 작성하여 업무 관련성을 입증해야 한다. 아울러 보유 업무용승용차 중 1대를 제외한 차량에 대해서는 업무전용자동차보험에 가입해야 승용차관련비용을 인정받을 수 있다.

또한 감가상각비(2017년 이후 취득한 승용차는 5년간 정액법으로만 감가상각)는 연간 800만원까지만 인정하고 초과하는 금액은 다음연도로 이월된다. 아울러 승용차를 포함한 유형자산의 처분손익도 사업소득에 포함하여 과세되며, 승용차의 처분손실은 연간 800만원까지만 비용으로 인정(초과금액은 이월)된다.

3. 각종 증빙이나 세금계산서, 영수증을 철저히 관리한다

개인사업자들은 경리나 회계문제에 대해 깊은 지식이 없는 경우가 대부분이며 특히 세무문제에 대해서는 기본 개념이 거의 없는 경우가 일반적이다. 심지어 어떤 사업자는 매입세금계산서까지 잃어버리는 경우도 있다고 하니 더 이상 무슨 말이 필요하겠는가?(매입세금계산서는 그 자체가 돈이다)

특히 기업업무추진비는 건당 3만원을 초과할 경우 반드시 세금계산서나 신용카드매출전표 등(이를 적격증빙이라고 한다)을 받아야 필요경비로 인정되며, 연간 수입금액이 4,800만원 이상인 장부를 기장하는 사업자가 건당 3만원을 초과한 기업업무추진비 이외의 사업 관련 경비를 지출하고 적격증빙 대신 일반영수증을 받으면 2%의 가산세를 내고 영수증수취명세서를 제출해야 필요경비로 인정받을 수 있다는 점도 알아두어야 한다.

4. 세금은 제때에 내는 것이 유리하다

이것 역시 어떤 사업자의 이야기인데, 세금이 하도 많이 나와 화가 나서 안 냈다는 것이다. 그런데 결국에는 가산세에 가산금까지 얹어서 내고야 말았는데 이런 불필요한 것들을 내지 않는 것이 가장 기초적인 절세가 아닐까 싶다.

5. 조세지원제도를 최대한 활용하라

중소기업을 영위하는 사업자는 중소기업특별세액감면을 최대 30%까지 받을 수 있고, 사업자들도 연금저축과 IRP에 가입하면 매년 최대 135만원까지 세액공제를 받을 수 있다. 더불어 소기업·소상공인 공제부금(일명 노란우산공제)에 가입하면 연금저축과는 별도로 당해년도에 납입한 공제부금 전액(200~500만원 한도)을 사업소득에서 공제받을 수 있다. 또한 기업업무추진비 지출액이 많아서 한도가 초과되는 경우에는 기업업무추진비를 문화비(도서·공연·음반 구입비)로 사용하면 일반기업업무추진비 한도의 20%를 추가로 더 인정받을 수 있다는 점도 활용하자.

6. 세금부담이 너무 무거우면 법인으로 바꿔보자

개인사업자의 사업소득에는 최하 6%에서 최고 45%의 세율이 적용되지만 법인의 사업소득에는 2억원까지는 9%, 2억원 초과분은 19%의 세율이 적용되므로 소득금액이 클 경우에는 법인으로 전환하는 것도 고려해 보아야 한다. 예를 들어 연간 매출액이 50억원이고 과세표준이 3억원인 중소사업체의 소득세 부담액을 개인인 경우와 법인인 경우로 나누어서 계산해 보면 다음과 같다.

① 개인의 경우 : (3억원×38%) - 1,994만원 = 9,406만원

② 법인의 경우 : 1,800만원 + (3억원 - 2억원)×19% = 3,700만원

③ 차이 금액 : 9,406만원 - 3,700만원 = 5,706만원

그러나 법인으로 전환하면 세무상으로는 개인의 경우보다 더욱 규제가 강화되어 매출누락 또는 증빙이 없거나 가공경비를 계상한 경우 법인세가 추가로 과세될 뿐만 아니라 동 금액을 대표자가 가져간 것으로 보아 대표자에게 근로소득세가 과세된다. 뿐만 아니라 개인사업주의 경우에는 사업체의 자금인출에 대해 전혀 제약이 없지만, 법인의 경우에는 대표이사가 법인자금을 빌려가는 것에 대해서도 이자를 계산해서 대표이사의 소득으로 간주하는 등 규제가 매우 심하다. 또한 폐업의 절차가 복잡해질 뿐만 아니라 무엇보다도 법인과 사업주 자신이 분리됨에 따라 종전처럼 회사의 자산을 마음대로 건드릴 수 없는 한계점(개인사업주의 자본금 인출에는 세금이 과세되지 않지만 법인의 자본인출(배당)에 대해서는 주주에게 배당소득세가 과세된다)이 있다는 점도

아울러 고려해야만 한다.

7. 납부할 세액이 많으면 나누어 낼 수 있다

납부할 세액이 1,000만원이 넘는 경우에는 세금을 나누어 낼 수 있는데, 이를 '분할납부'라고 한다. 분할납부금액은 세액이 2,000만원 이하인 경우에는 1,000만원을 초과하는 금액을 분할납부하고, 2,000만원을 초과하는 경우에는 50% 금액을 분할납부하면 된다. 분할납부기간은 납부기한 경과 후 2개월이다. 분할납부에는 별도의 이자가 없으며 종합소득세뿐만 아니라 양도소득세도 가능하다.

8. 사업실적이 부진한 경우에는 중간예납을 신고하자

원래 사업소득세의 중간예납은 신고·납부하는 것이 아니라 세무서로부터의 고지에 의해 납부하는 것이 원칙이다. 그러나 사업실적이 전년도에 비해 현저하게 부진한 경우에도 전년도 세금을 기준으로 중간예납하는 것은 불합리하다. 따라서 당해년도의 6개월 동안의 세액이 전년도 세액의 30%에 미달하는 경우에는 사업자가 스스로의 신고에 의해 중간예납을 할 수 있다.

9. 성실사업자가 누리는 세제혜택을 받도록 하자

성실사업자로 인정받으면 일반사업자보다 더 많은 세금혜택을 받을 수 있다. 세액공제 중 의료비와 교육비세액공제를 근로소득자처럼 똑같이 받을 수 있고, 표준세액공제금액도 12만원을 받을 수 있다. 다만, 소득세법에서 정한 성실사업자가 되기 위해서는 복식부기장부 또는 간편장부를 기장하고 신용카드나 현금영수증 가맹점으로 등록해야 하며, 사업용계좌를 통해 사용해야 할 금액의 2/3 이상을 사용해야 한다. 또한 조세특례제한법에 따르면 소득세법상 성실사업자의 요건을 갖추거나 성실신고확인사업자로서 2년 이상 계속하여 사업해왔고, 해당 과세기간의 신고수입금액이 직전 3과세기간의 연 평균수입금액의 50%를 초과하는 경우에는 2023년 말까지 교육비세액공제와 의료비세액공제 혜택을 받을 수 있다.

10. 복식부기의무자는 사업용계좌를 적극 사용하자

연간 수입금액이 일정금액을 넘는 복식부기장부 기장의무대상자는 해당 과세기간 개시일로부터, 그리고 신규사업자로서 복식부기장부 기장의무대상자(전문직 사업자임)는 다음 과세기간 개시일로부터 6개월 이내에 금융기관에 사업용계좌를 개설해서 주소지 또는 사업장 관할 세무서에 신고해야 하며, 거래대금을 주고 받거나 인건비 및 임차료 등을 지급할 때 반드시 사업용계좌를 사용해야 한다. 사업용계좌를 개설하지 않은 경우에는 그 기간 동안 발생한 수입금액의 0.2%에 해당하는 미개설가산세와, 사용하지 않은 경우에는 미사용금액의 0.2%에 해당하는 가산세를 부담해야 한다. 게다가 국세청으로부터 불성실신고자로 분류되어 자신이 신고한 내용에 대해 경정처분을 받게 된다. 반면 사업용계좌를 개설하면 성실사업자로서의 혜택을 받을 수 있다.

04 임대사업,
세금을 알아야 제대로 할 수 있다

　부동산임대업에 따른 사업소득이란 건물 등 부동산을 다른 사람에게 빌려주고 받은 사용료, 즉 임대료에서 필요경비를 차감한 것을 말한다. 부동산임대업에 따른 소득도 사업소득에 해당하므로 소득금액의 계산방법이나 신고절차는 일반 사업소득과 같다.

　즉, 1년에 2번 중간예납과 확정신고로 나누어서 소득세를 내게 된다는 점과 수입금액에서 필요경비를 차감하여 소득금액을 계산하되 장부에 의하거나 추계에 의해 계산한다는 점, 그리고 연간 2,000만원 이하의 주택임대수입을 제외하고는 분리과세 없이 모두 다른 종합소득과 합쳐져서 종합과세가 된다는 점이 같다.

(1) 부동산임대사업소득의 범위

　다른 사람에게 부동산을 임대할 경우 부동산에는 토지·건물 등이 포함되는데 건물 중에서 상가를 임대할 경우에는 예외 없이 모두 임대사

업소득에 포함되어 소득세를 내야 하지만, 주택의 임대는 거주하고 있는 주택을 포함하여 2채 이상의 주택(주택 수의 판정은 본인과 배우자의 것을 합산한다)을 소유하고 있는 경우에만 임대사업소득세를 물리고 있다. 즉, 1주택 소유자의 주택 임대사업소득은 비과세된다. 그러나 공시가격이 12억원을 초과하는 고가주택은 1주택을 소유하는 경우라도 임대사업소득세가 과세된다. 단, 주택의 임대사업소득은 임대료를 월세로 받는 경우만 과세대상(단, 연간 2,000만원 이하인 경우에는 14%의 세율로 분리과세함)이므로 전세보증금을 받은 경우에는 과세대상에서 제외된다.

그러므로 고가주택이 아닌 단독주택 1채를 가지고 있으면서 2층, 3층을 월세로 준 경우나 48평형 아파트에 살면서 따로 가지고 있는 아파트를 전세로 임대한 경우에는 임대사업소득세를 내지 않아도 된다.

그러나 보유주택 수(배우자의 소유주택을 포함)가 3주택 이상(단, 2023년 12월 31일까지는 주택 수에서 기준시가 2억원 이하인 전용면적 40m² 이하의 주택을 제외함)으로서 전세보증금의 합계액이 3억원을 초과하는 경우에는 동 초과액의 60%에 대한 이자상당액(간주임대료)을 임대수입에 가산하여 임대사업에 따른 사업소득세를 과세한다.

(2) 임대료 수입금액의 계산

부동산을 임대하고 그 대가를 받는 방법은 월세 또는 전세 등 다양하지만 상가건물의 경우에는 일반적으로 양자를 혼합하는 조건이 보편적이다. 즉, 임대보증금을 일부 수령하고 나머지는 월세로 받는 조건의 경우를 말한다.

예를 들어 상가건물의 임대보증금이 1억원이고 월 임대료가 100만원이라고 할 경우 매달 받는 임대료의 1년치인 1,200만원이 임대료 수입금액이 되는데, 임대보증금으로 받은 1억원은 어떻게 되는 것일까? 세법은 이 임대보증금이 그대로 정기예금에 예치되어 있을 것으로 간주한다. 따라서 임대보증금으로 받은 1억원에 대해서는 부가가치세법 시행규칙에서 정한 이자율을 곱한 만큼을 추가적인 임대료 수입으로 간주하게 되는데, 이를 간주임대료라고 한다. 그러므로 이 경우 간주임대료 계산시 적용되는 이자율을 3%라고 가정하면 임대료 수입금액은 1,200만원에 300만원(1억원×3%)을 더한 1,500만원이 된다.

보통 임대보증금에 대한 월세이율은 5~6%이므로 임대수익 측면에서는 보증금보다는 월세가, 소득세 부담의 입장에서는 월세보다는 보증금이 더 유리하다는 판단이 서는데, 이런 이유 때문에 사실은 월세로 받으면서 계약서는 보증금만 받은 조건으로 만들어서는 안 되리라고 보는데 실제는 어떤지(?) 모르겠다.

그러나 주택을 임대한 경우와 상가 건물을 새로 짓거나 증축을 하면서 돈이 없어 임차인으로부터 받은 임대보증금을 실제로 건축비에 사용했다면 간주임대료를 임대수입금액에 포함시키지 않는다.

(3) 부동산임대업의 사업소득금액 계산

임대사업자가 장부를 기장하고 있다면 장부에 의해 소득금액을 계산하면 되고, 장부가 없는 경우에는 단순(기준)경비율에 의해 추계과세를 하게 된다. 이때 직전 과세기간의 연간 임대수입금액이 2,400만원 이상이면 기준경비율을, 2,400만원 미만이면 단순경비율을 적용하여 소득금액을 계산한다. 추계과세할 경우 일반적인 상가건물의 단순경비율은 41.5%이며, 기준경비율은 17.6%이다. 또한 아파트와 단독주택의 단순경비율은 42.6%(고가주택은 37.4%)이며, 기준경비율은 16.4%(고가주택은 16.0%)이다. 한편 조세특례제한법에 의한 장기임대주택사업자의 경우에는 61.6%의 높은 단순경비율을 적용하도록 하고 있다. 예를 들어 앞의 경우처럼 상가 임대 수입금액이 1,500만원이라면 추계과세할 경우의 임대사업소득금액은 878만원{1,500만원×(1－0.415)}이 된다.

한편 소규모주택임대수입(주택임대수입금액이 연간 2,000만원 이하)에 대해서는 14%로 분리과세한다. 이 경우 주택임대수입금액에서 50%(주택임대사업등록자는 60%)의 필요경비와 일정금액(주택임대외 종합소득금액이 2,000만원 이하인 경우에만 적용하며 주택임대사업등록자는 400만원, 미등록자는 200만원임)을 뺀 금액에 대해 14%의 세율로 분리과세(종합과세가 더 유리할 경우에는 종합과세 선택 가능)한다.

단, 분리과세를 받은 경우에는 의무임대기간이 10년이며 소형임대주택으로서 소득세를 감면받은 경우 장기일반민간임대주택은 10년(공공지원민간임대주택은 4년)간 임대사업을 유지해야 한다.

그런데 상가건물 임대사업자의 경우 1년에 2번의 부가가치세 확정신고를 통해 세무서에 임대료 수입액이 이미 신고되어 있기 때문에, 신고된 수입금액에다 단순(기준)경비율을 적용하면 소득금액이 계산된다. 그러나 주택 임대사업에 대해서는 부가가치세가 면세되므로 임대료 수입액이 전혀 신고되어 있지 않다. 따라서 이와 같은 주택임대사업자 등 부가가치세 면세사업자는 사업소득에 대한 종합소득세 과세를 위해 자신의 연간 수입금액을 다음해 2월 10일까지 세무서에 별도로 신고해야 하는데, 이를 사업장현황신고라고 한다. 특히 조세지원을 받기 위해 사업자등록을 한 주택임대사업자는 반드시 사업장현황신고를 해야 하는데, 신고하지 않을 경우 수입금액의 0.5%에 해당하는 가산세가 부과된다.

05 임대사업소득세 계산 따라하기

강현명 씨(60세)는 강남구 개포동에 상가건물을 소유하고 있으며 이 상가건물에서 매달 나오는 220만원의 임대료 수입으로 부부 둘이 생활하고 있다.

강 씨의 부동산임대사업소득세를 계산해 보자. 강 씨는 세무사 사무실에 의뢰하여 복식부기장부를 기장하고 있다. 강 씨는 임대보증금으로 받은 돈에 대해서는 이자수입을 장부에 전혀 반영하지 않고 있다.

- 연간 임대료 수입액   26,400,000원
- 임대보증금 수령액   150,000,000원
- 당기순이익   13,130,000원
- 필요경비 불산입항목
  보험료 862,000원, 세금과공과 330,000원
- 간주임대료 계산시 적용되는 이자율은 3%(가정)이다.

1. 부동산임대사업소득금액을 계산한다.

   당기순이익에다 세무상 인정되지 않는 비용을 더한다. 그리고 임대보증금에 대한 수입을 장부에 전혀 계상하지 않고 있으므로 세법상 간주임대료를 계산하여 소득금액에 더해 주어야 한다.

   • 소득금액 = 당기순이익 + 필요경비 불산입액 + 간주임대료

   $13,130,000 + (862,000 + 330,000) + (150,000,000 \times 3\%)$

   $= 18,822,000$원

   *만약 임대보증금에 대한 이자수익 4,500,000원이 장부에 포함되어 당기순이익이 17,630,000원이라면 이를 사업소득에서 제외하므로 소득금액은 14,322,000원(18,822,000 - 4,500,000)이 된다.

2. 소득금액에서 소득공제를 차감하여 과세표준을 계산한다.

   $18,822,000 - 3,000,000$(기본공제 : 2명) $= 15,822,000$원

3. 산출세액을 계산한다.

   $840,000 + (15,822,000 - 14,000,000) \times 15\% = 1,113,300$원

4. 결정세액을 계산한다.

   $1,113,300$원 $- \{1,113,300 \times 20\%$(기장세액공제) $+ 70,000$(표준세액공제)$\}$

   $= 820,640$원

❍ 장부기장에 의하지 않고 추계에 의해 신고하는 경우에는 산출세액 및 결정세액이 다음과 같이 계산된다(연간 수입금액이 2,400만원 이상이므로 기준경비율 20%(가정)를 적용한다).

   • 소득금액 : $(26,400,000 + 4,500,000) \times (1 - 0.2) = 24,720,000$원

- 과세표준 : $24,720,000 - 3,000,000 = 21,720,000$원

- 산출세액 : $840,000 + (21,720,000 - 14,000,000) \times 15\% = 1,998,000$원

- 결정세액 : $1,998,000 - 70,000 = 1,928,000$원

임대사업자를 위한 6가지 절세 노하우

1. 부동산임대사업소득은 추계에 의한 신고가 일단 불리하다. 그러므로 장부를 기장하도록 하자

부동산임대사업소득을 추계에 의해서 신고하는 경우에는 임대료 수입 이외에 간주임대료가 수입금액에 합산된다. 그러나 장부기장에 의해 세액을 신고하는 경우에는 간주임대료가 산입되지 않으므로 이 두 가지의 차이를 잘 파악하는 것이 중요하다.

예를 들어 연간 임대료 수입액은 3,600만원이고 별도로 임대보증금 2억원을 받아 은행에 예금해 놓은 경우, 추계에 의한 신고시에는 간주임대료 600만원(2억원×3%)을 포함한 수입금액이 4,200만원이 되나 (간주임대료 계산시 적용되는 금리를 3%로 가정) 장부기장을 하고 있는 경우라면 3,600만원만 신고하면 된다. 물론 이 경우 장부상의 이자수입액 600만원에 대해서는 이자소득세 84만원(14%)을 원천징수당하게 될 것이다. 그러나 추계과세시에 수입금액에 포함된 간주임대료 600만원에 대해서도 84만원을 원천납부하는 것은 마찬가지이니 추계과세시에는 결국 600만원에 대해서 이자소득세를 내고 또 사업소득세를 내는 셈이 되므로 불리하다.

게다가 연간 임대수입이 2,400만원 이상인 경우에는 단순경비율 대신 기준경비율을 적용하게 되는데, 임대사업의 경우에는 매입원가·인건비 등 주요경비 발생액이 거의 없기 때문에 이 점 또한 불리하다.

2. 장부기장을 하는 경우라면 월세보다는 보증금을 많이 받는 조건으로 계약(?)하는 것이 세무상 유리할 것이다

왜냐하면 장부기장을 하게 되면 임대보증금으로 받은 돈을 금융기관에 예금해 놓을 경우에 이자소득세만 낼 뿐 따로 부동산임대수입금액에는 포함되지 않기 때문이다.

3. 부동산임대에 따른 사업소득은 자산소득으로서 다른 종합소득과 합산된다는 점에 유의하자

임대사업소득자에게 별다른 소득이 없는 경우라면 문제가 없으나 다른 종합소득이 있으면 합산과세에 따라 세부담액이 커질 수 있다. 이때에는 배우자나 직계존속의 명의를 활용해 보는 것도 좋은 방법이 될 수 있다. 배우자가 다른 종합소득이 없는 경우라면 배우자 명의로 부동산을 취득하여 임대하면 다른 종합소득이 있는 남편의 명의로 취득하여 임대하는 것보다 세금부담이 적어진다. 이때에는 취득한 부동산의 시가가 배우자에 대한 증여재산공제액(6억원)을 초과하지 않도록 해야 한다. 한편 직계비속은 증여세의 문제가 걸리므로 불가능하고 직계존속은 나중에 상속세의 문제가 생길 수는 있지만 조그마한 규모의 상가라면 검토해 볼 만하다고 생각된다.

4. 부부 금슬이 때로는 세금을 적게 내게 해준다

부동산임대에 따른 사업소득은 항상 종합소득에 합산과세되므로 다른 소득이 있는 사람이 임대사업을 할 때에는 이 점에 대한 고려가 충분히 이루어져야 한다. 왜냐하면 합산과세를 통해 누진과세를 당하면 세금 차감 후 실제소득이 현저하게 줄어들 수 있기 때문이다.

예를 들어 연봉이 7,000만원인 근로자가 시가가 10억원인 상가건물을 취득하여 매년 4,000만원의 임대료수입이 생기는 임대사업을 한다고 가정하면 근로소득과 임대사업소득에 대한 종합소득세는 소득공제액을 500만원으로 가정할 경우 1,386만원[{(7,000만원-1,325만원(근로소득공제))+(4,000만원-1,000만원(필요경비 : 기준경비율 25%(가정) 적용))-500만원}×24%-576만원] 정도 나온다. 이 경우 부동산임대사업소득으로 인해 추가되는 세금은 약 720만원{4,000만원×(1-0.25)×24%} 정도로 추산된다.

그러나 이때 부동산에 대한 지분등기를 남편 40%, 부인 60%로 할 경우에는 공동임대사업이 되어 3,000만원의 임대사업소득 중 남편 지분은 1,200만원, 부인 지분은 1,800만원이 된다. 그런데 세법에서는 부부의 공동사업도 각자의 소득으로 보므로, 이 경우 남편은 근로소득을 포함하여 990만원[{5,675만원(근로소득금액)+1,200만원-350만원(부인이 임대사업소득이 있으므로 배우자공제 150만원은 제외)}×24%-576만원], 부인은 임대사업소득에 대한 세금 122만원{(1,800만원-150만원(기본공제))×15%-126만원}을 부담하게 된다. 따라서 위의 경우와 비교하면 매년 274만원 정도를 절세할 수 있다. 이 경우 부인에게 증여한 부분에 대해서는 증여세를 내야 하지만 증여가액이 배우자에 대한 증여재산공제액 6억원을 넘지 않으므로 증여세 부담액은 없다.

한편 위 부동산을 모두 부인 명의로 하여 임대사업을 할 경우에는 매년 종합소득세 부담액이 더 줄어들 수 있지만 증여세 부담액이

6,790만원{[(10억원 - 6억원)×20% - 1,000만원]×97%(신고세액공제 3% 차감)}이나 되므로 절세측면에서 바람직하지 않다. 그대신 10년이 지난 후에는 다시 6억원까지 재증여가 가능하므로 그때 가서 나머지 부분을 증여하면 된다.

5. 여럿이 공동으로 사업하면 세금이 줄어든다

여러 명이 같이 출자하여 공동으로 (임대)사업을 하는 경우에는 각자의 지분비율대로 나누어서 각자의 소득금액에 대해서 소득세를 계산하게 된다. 예를 들어 이 씨, 박 씨, 김 씨 세 명이 공동으로 출자하고(출자비율은 이 씨가 40%, 박 씨와 김 씨는 각각 30%씩) 사업자등록을 하여 가게를 운영한 결과 사업소득금액이 5,000만원이 나왔다면, 이 씨의 소득금액은 2,000만원, 박 씨와 김 씨는 각각 1,500만원이 된다. 따라서 사업소득세액도 세 사람 모두 4인 가족으로서 소득공제액이 800만원이라고 가정하면 이 씨는 72만원{(2,000만원 - 800만원)×6%}, 박 씨와 김 씨는 각각 42만원{(1,500만원 - 800만원)×6%}으로서 모두 156만원이 된다. 반면에 위의 사업장이 이 씨 혼자의 사업이라고 하면 소득세 과세표준은 4,200만원(5,000만원 - 800만원)이 되고 소득세액은 504만원(4,200만원×15% - 126만원)으로 공동사업의 경우보다 무려 348만원이나 많아진다.

이렇게 차이나는 이유는 소득세의 세율이 누진세율이므로 소득금액이 높을수록 적용되는 세율이 더 높아지기 때문이다. 따라서 소득금액이 분산되면 될수록 세액은 더 낮아지게 된다. 단, 임대사업을 공동으로 하는 경우 소득세의 계산과 납부는 각자의 지분에 해당하는 금액으로 나누어지지만, 성실신고 대상 여부를 판정할 때는 지분과 상관없이 전체 수입금액을 기준으로 판정한다. 이때 세금을 줄이기 위해 특수관계인(같이 거주하고 있는 배우자와 직계존비속, 직계존비속의 배우자 및 형제자매와 그 배우자)끼리의 공동사업으로서 지분 또는 손익분배비율이 허위인 경우에는 공동사업자 중 지분비율이 가장 높은 사람(지분비율이 같을 경우에는 공동사업 이외의 종합소득이 가장 많은 사람)의 소득으로 간주하여 합산과세한다. 이러한 특수관계에 해당되지 않거나 특수관계인이라 하더라도 허위로 지분(손익분배)비율을 정한 경우가 아니라면 합산과세를 하지는 않는다.

한편 개인임대사업자를 법인으로 전환하더라도 이후 3년간은 여전히 성실신고확인대상이며 상시근로자 수가 5인 미만이고 지배주주와 특수관계자 지분이 50%를 초과하면서 임대료 수익이 매출액의 70% 이상인 소규모임대법인은 개인사업자와 마찬가지로 매년 법인세 신고시마다 성실신고 확인을 받아야 한다.

6. 소형주택임대사업자로 등록해서 소득세를 감면받자

임대사업자로 등록하고 임대개시일 현재 기준시가 6억원 이하인 국민주택규모 이하의 주택(아파트는 제외되며 주거용 오피스텔은 포함)을 1채 이상, 4년 이상(장기일반민간임대주택은 10년) 임대하고, 임대료(임대보증금) 인상률이 5% 이하인 경우에는 2025년 말까지 해당 임대사업에서 발생한 소득세의 30%(10년 이상 임대 시에는 75%)를 감면받을 수 있다 (단, 임대주택이 2채 이상인 경우에는 각각 20%와 50%임).

5장

은퇴자,
세금을 **줄여야** 잘산다

01 연금에도 세금이 붙는다

누구나 다 언젠가는 손에서 일을 놓을 수밖에 없다. 은퇴란 소득과의 단절을 의미하는 것이므로 반드시 사전에 이에 대비해야 한다. 은퇴 이후에 기대할 수 있는 소득은 연금과 퇴직금, 그리고 금융 및 임대소득이다. 이런 것들을 평소에 부지런히 준비하는 것이 은퇴설계의 핵심이다. 그런데 이런 은퇴 이후의 소득에 대해서도 어김없이 세금이 따라 붙기 때문에 관련 세금을 미리 알아두어야 최적의 은퇴설계가 가능하다. 은퇴 후 받는 연금과 퇴직금조차도 세금을 떼이고 나면 막상 본인이 쓸 수 있는 돈은 줄어들기 때문이다.

(1) 연금소득의 범위

연금소득은 개인이 1년 동안 받은 연금수령액 중 다음에 해당하는 금액을 말한다.

① 공적연금 관련법에 따라 받는 각종 연금(국민연금·공무원연금·군인

연금·사립학교교직원연금 등을 말하며, 2002년 1월 1일 이후 납입하여 소득
공제를 받은 부분에서 발생한 연금만 과세대상이다)

② 퇴직연금·개인연금 등(사적연금이라고 함) 연금계좌에서 연금형태
로 인출된 금액 중 세액공제를 받은 연금계좌 납입액 및 연금계
좌의 운용실적에 따라 증가된 금액

③ 그 밖에 연금계좌에 이체 또는 입금되어 해당 금액에 대한 소득
세가 이연(移延)된 소득으로서 대통령령으로 정하는 소득

④ ②, ③의 소득과 유사하고 연금형태로 받는 것으로서 대통령령으
로 정하는 소득

(2) 연금소득의 원천징수와 분리과세

연금소득에 대해서도 근로소득과 마찬가지로 매월 지급시마다 지급
액을 기준으로 소득세가 원천징수되는데 국민연금 등 공적연금에 대
해서는 기본세율(6~45%)을 적용한 간이세액표에 따라 원천징수하고,
사적연금소득에 대해서는 5%(단, 연금수령일 현재 나이가 70세 이상이면 4%,
80세 이상이면 3%를 원천징수하며, 퇴직연금은 3%를, 종신형연금은 4%를 원천징수
한다(중복 해당시에는 가장 낮은 세율을 적용))의 세율로 원천징수한다.

이 경우 연금저축과 퇴직연금 등 사적연금(위 ②③④의 금액을 말함)은
종합소득에 합산신고하지 않고 분리과세를 선택할 수 있다. 단, 분리
과세를 선택할 경우 연간 연금수령액이 1,200만원 이하인 경우에는
3~5%의 낮은 원천징수세율로 분리과세되지만, 1,200만원을 초과하는
경우에는 15%의 분리과세세율을 적용한다.

(3) 연금납입액에 대한 세금혜택과 연금소득의 과세방법

연금의 납입액에 대해서는 매년도의 종합소득에서 소득공제 또는 세액공제(국민연금 등 공적연금 관련법에 따른 기여금은 전액을 소득공제하고, 그 외 퇴직연금·연금저축 등 개인연금계좌에 납입된 금액은 일정금액(연금저축은 600만원, 퇴직연금을 포함해서는 900만원)을 한도로 12%(총급여가 5,500만원 이하 또는 종합소득이 4,500만원 이하인 경우에는 15%)를 세액공제함)를 받는 대신 연금을 수령하는 매년도마다 종합소득에 포함되어 종합소득세가 과세된다. 특히 2013년 1월 1일 이후 가입하는 연금저축의 경우 세액공제를 받기 위해서는 5년 이상을 납입하고, 55세 이후부터 최소 10년 이상을 연금으로 수령해야 한다. 게다가 매년 연금수령 한도액(매년 초 현재의 연금평가총액을 잔여수령연수(11 - 연금수령연차)로 나눈 금액의 1.2배)을 초과하여 수령하는 금액은 연금소득이 아닌 기타소득 또는 퇴직소득으로 과세된다.

또한 연금저축(보험·펀드)과 퇴직연금 수령액의 경우 세액공제받은 납입금액과 운용수익 부분에 대해서만 연금소득으로 과세하게 되므로 납입액 중 세액공제를 받지 않은 부분과 아예 세액공제 대상이 아닌 연금상품의 연금수령액은 연금소득에 포함되지 않는다.

이 경우 연금수령 시 인출되는 연금은 세액공제받지 않은 부분, 세액공제받은 부분, 운용수익의 순으로 인출되는 것으로 보아 세금을 계산한다. 예를 들어 매년 1,800만원씩 10년간 연금저축을 납입해서 55세 이후 10년간 매월 180만원(운용수익 3,600만원을 포함)을 연금으로 수령한다고 가정할 경우 연금수령액은 세액공제분 6,000만원, 운용수익

$$\boxed{\text{연금소득금액}} \quad = \quad \boxed{\begin{array}{c}\text{총연금액(분리과세}\\\text{연금소득은 제외)}\end{array}} \quad - \quad \boxed{\text{연금소득공제}}$$

연금소득공제액

총연금액	공제액
350만원 이하	총연금액 전액
350만원 초과 700만원 이하	350만원 + 350만원 초과액의 40%
700만원 초과 1,400만원 이하	490만원 + 700만원 초과액의 20%
1,400만원 초과	630만원 + 1,400만원 초과액의 10%

3,600만원, 나머지금액 1억 2,000만원으로 구성된다. 첫달부터 약 67개월간은 세액공제받지 않은 금액을 수령하는 것이므로 세금이 없다. 하지만 그다음 33개월 동안은 세액공제액 6,000만원을 수령하는 것이므로 매월 받는 180만원에 대해 연금소득세가 원천징수된다(이후 종합소득에 합산여부는 본인이 선택). 그리고 운용수익을 수령하는 마지막 20개월여 기간에도 매월 180만원에 대해 연금소득세가 원천징수된다.

한편 연금소득을 종합소득에 합산할 경우 총연금액에서 다음의 연금소득공제를 차감한 금액을 종합소득에 포함시킨다. 이때 연금소득공제액의 최고한도는 900만원으로 제한된다.

예를 들어 직장을 은퇴하고 다른 소득이 전혀 없는 사람의 연금수령액이 매월 250만원(국민연금 150만원, 개인연금 100만원(분리과세를 선택함))이고, 국민연금 수령액 중 2002년 이후에 납입한 과세대상 국민연금의 비율이 60%라고 가정하면 이 사람의 연간 종합과세 대상 연금총액은 1,080만원{(150만원×60%)×12월}이 되는데, 여기서 연금소득공제액 566만원을 차감하면 연금소득금액은 514만원이 된다.

따라시 종합소득은 514만원이 되며, 여기서 종합소득공제(소득이 없는 배우자와 둘이 산다고 보고 300만원으로 가정함)를 차감하면 과세표준은 214만원이 되어 소득세 산출세액은 128,400원으로 계산된다.

사례의 경우에는 국민연금 수령액 중 60%만 과세대상에 포함되어 부담하는 세금이 그리 많지 않게 나왔다. 만약 매월 150만원의 국민연금 수령액이 전액 과세대상이라면 연금소득은 1,130만원{1,800만원-670만원(연금소득공제)}이고, 과세표준은 830만원{1,130만원-300만원(기본공제)}이 되어 산출세액은 498,000원이 된다. 표준세액공제 7만원을 차감할 경우 지방소득세를 포함한 소득세 부담액은 연간 연금수령액의 2.6%{(428,000원+42,800원)/18,000,000원} 정도로서 이 경우에도 실효세율은 높지 않다는 것을 알 수 있다.

한편 종합소득 중 연금소득이 있는 사람이 보유한 주택(배우자 명의의 주택을 포함하며, 공시가격 9억원 이하일 것)을 담보로 지급받은 연금(이를 주택담보노후연금(역모기지론)이라고 한다)에 대해서는 이자상당액을 연금소득금액에서 공제(연간 200만원 한도)받을 수 있다.

× —— 연금 납입액에 대한 세금혜택과 연금소득에 대한 과세

연금 종류	납입액에 대한 세금혜택	연금 수령시 과세	일시금 수령시 과세
국민연금	납입액 전액을 소득공제	연금소득[1] (간이세액표)	퇴직소득
공무원(군인)연금 등			
연금저축	납입액(연금저축은 600만원, 퇴직연금을 포함해서는 900만원 한도)의 12%(또는 15%)를 세액공제	연금소득(3~5%)[2]	퇴직소득 또는 기타소득[3], 연금소득
퇴직연금			

* ( )는 원천징수세율임

1) 국민연금 등 공적연금 수령자는 매년 1월분 연금수령시 연말정산(소득공제 및 세액공제는 기본공제·추가공제·자녀세액공제·표준세액공제 적용)으로 연금소득세를 정산(확정신고의무 없음)하고, 다른 연금소득이나 종합소득이 있는 경우에는 종합소득 신고

2) 사적연금소득이 연간 1,200만원 이하인 경우에는 저율(3~5%)로 분리과세 선택이 가능하며, 1,200만원 초과시에도 종합과세와 분리과세(15%) 선택이 가능하다.

3) 연금저축과 퇴직연금을 포함한 개인연금계좌에서 연금으로 인출되는 것은 모두 연금소득으로 과세하지만 중도인출, 해지, 만기시 일시금 수령 등 연금외인출액은 그 발생원천별로 과세하므로 퇴직소득(회사부담분) 또는 기타소득(자기납입분과 운용수익분)으로 과세된다. 이때 기타소득은 15%(단, 계약자의 사망 등 부득이한 사유에 따른 경우에는 연금소득으로서 3~5%)의 세율로 원천징수하고, 금액에 상관없이 분리과세한다.

※ 연금계좌의 수령개시일로부터 5년 이내에 해지할 경우 해지일시금은 퇴직소득 또는 기타소득으로 과세하되, 해지일까지 저율로 과세된 연금소득 누계액(3%로 과세된 퇴직소득은 제외)의 10%를 해지가산세로 부과한다. (2013년 이후 계약분에 한해 적용)

연금소득자를 위한 6가지 절세 노하우

1. 연금 가입시에는 자신의 은퇴 후 소득패턴을 먼저 고려해야 한다

개인연금은 세액공제의 혜택이 주어지는 대신 나중에 연금을 수령할 때 연금소득세가 과세된다. 게다가 국민연금 등 공적연금을 제외한 사적연금소득이 연간 1,200만원을 초과할 경우에는 분리과세를 선택하더라도 15%의 세율을 적용한다. 설령 종합과세를 선택하더라도 은퇴 후 연금소득 이외의 소득(종합과세되는 금융소득이나 사업소득 등)이 많은 사람은 연금소득의 합산과세에 따라 세부담액이 많아질 수 있다. 이런 경우 저율(3~5%)의 분리과세를 선택하기 위해서는 사적연금소득을 매월 100만원(연간 1,200만원) 이내로 조정하거나 아예 세액공제가 되지 않는 연금상품에 가입하는 것이 더 유리하다. 세액공제가 되지 않는 연금은 나중에 수령할 때도 연금소득에 포함되지 않기 때문이다.

2. 은퇴 후 다른 종합소득이 없는 사람은 연금세액공제를 받는 것이 유리하다

연금저축의 세액공제에 따른 효과는 12%(또는 15%)로서, 매년 최대 90만원의 세금을 돌려받는다. 하지만 나중에 연금을 수령할 때 내는 연금소득세는 연금액에 따라 다른데, 매월 연금액이 100만원이라면 1.2%, 200만원이라면 3.7% 정도에 불과하다. 이렇게 실효세율이 낮은 이유는 연금수령액에서 연금소득공제를 차감하는 데다, 연금소득 외의 다른 소득이 없을 경우에는 적용되는 세율이 낮기 때문이다.

3. 비과세연금보험은 은퇴설계에서 반드시 고려해야 한다

비과세연금보험은 일시납 또는 월납으로 일정금액을 적립하고 나중에 연금의 형태로 수령하는 것을 말한다. 이 경우 납입기간(또는 거치기간)이 10년 이상이면 장기저축성보험의 보험차익에 대한 비과세가 적용되어 소득세를 내지 않아도 된다. 그런데 세법에서는 일시납의 경우(이를 즉시연금이라고 한다) 10년이 경과하기 전에 이미 납입한 보험료를 토대로 미리 연금을 수령하더라도 확정형이 아닌 상속형(단, 납입보험료 1억원을 초과하지 않아야 한다)이나 종신형 연금은 비과세받을 수 있도록 규정하고 있다. 이런 연금은 비록 세액공제는 안 되지만 은퇴설계시에는 매우 유용하다. 예를 들어 60세인 사람이 퇴직금과 여유자금 3억원을 일시납으로 종신형 비과세연금보험(평균수명의 연장에 따라 앞으로는 종신형 상품이 대세를 이룰 것이다)에 가입하면 가입 즉시 매월 90만원(공시이율을 3%로 가정)의 연금을 자신의 사망시까지 수령할 수 있다(만약 원금 3억원을 자녀들에게 상속하기를 원한다면 상속형으로 가입하되, 본인과 배우자 명의로 각각 따로 1억원씩 가입하면 된다). 이렇게 하면 연금소득은 물론 보험차익에 대해서도 모두 비과세되니 금상첨화라 할 수 있다.

4. 비과세연금보험에 가입할 때는 각각의 특성을 잘 따져보고 가입해야 한다

10년간 매월 납입하고 10년 이후 연금으로 받는 경우에는 납입금액과 수령방식에 상관없이 이자소득세가 비과세된다. 상속형을 제외하고는 연금지급기간이 끝나면 비록 원금은 모두 소멸되지만 본인의 은퇴 이후 생활에는 가장 적합한 방식이다.

목돈을 가지고 있는 자산가라면 일시납에 의한 즉시연금을 선호하는데, 이때 확정형으로 하려면 반드시 거치기간을 10년 이상으로 해야 비과세가 된다. 예를 들어 55세에 5억원을 예치했다면 10년 후인 65세부터 확정기간 동안 연금을 수령해야 비과세된다.

만약 원금을 훼손하지 않기 위해 상속형으로 가입할 경우에는 그 금액이 1억원을 초과하지 않아야 비과세된다. 이 경우 부부가 따로 가입하면 2억원까지 비과세된다고 볼 수 있다. 다만 상속형은 원금은 그대로 두고 이자 등 운용수익을 연금으로 분배하는 것이므로 매월 연금수령액이 적다는 점을 감안해야 한다.

한편 종신형은 거치기간과 금액에 상관없이 모두 비과세되지만 55세 이후부터 연금수령이 가능하며, 사망과 동시에 연금재원이 모두 소멸되고 상황 변화시 중도해지가 불가능하다는 점이 제약조건이다.

일반적으로 연금수령액의 크기는 확정형〉종신형〉상속형인데, 자신의 예상수명과 자녀에 대한 상속의지, 생활비 규모 등을 종합적으로 판단해서 결정해야 한다.

5. 연금소득 이외의 다른 종합소득이 없다면 분리과세보다 종합과세가 더 유리하다

매월 사적연금소득이 100만원 이하라고 하더라도 연금소득만 있는 사람은 연금소득공제 및 종합소득공제를 차감한 후의 소득금액은 줄어들게 되므로 분리과세보다 종합과세가 오히려 더 유리할 수 있다. 예를 들어 매월 연금 수령액이 100만원일 경우 5%를 원천징수하면 5만원, 연간으로는 60만원의 소득세를 내게 되는데, 만약 종합소득 신고를 한다면 연간 소득세는 18.6만원{(1,200만원 − 590만원(연금소득공제) − 300만원(본인과 배우자의 종합소득기본공제)) × 6%}으로 줄어들게 되므로 종합과세가 훨씬 더 유리하다.

사적연금수령액은 종합과세와 분리과세를 선택할 수 있으므로 연금 수령시에는 자신의 소득종류와 규모를 분석하여 유리한 방법을 선택하면 된다. 종합과세가 유리하다면 연금수령시 원천징수가 됐다 하더라도 종합소득 신고를 통해 차액을 환급받는 것이 바람직하다.

6. 비과세종합저축에 가입하자

65세 이상 고령자와 장애인·독립유공자·기초생활수급자 등은 가지고 있는 은퇴자금 중 5,000만원을 비과세종합저축에 가입해서 이자와 배당소득에 대해 세금을 내지 않도록 해야 한다.

퇴직금과 퇴직연금의
세금 차이는?

근로자가 언제까지나 계속 그 직장에서 월급을 받으며 일할 수는 없
다. 회사에서 정해진 정년 기한까지 일을 하고 결국은 퇴직하게 되는
데, 이와 같이 퇴직하는 경우에 회사로부터 받는 퇴직금이 바로 퇴직소
득이다. 퇴직금은 회사나 사업체에서 정한 퇴직금 지급규정에 따라 지
급되는 것이 일반적인데, 퇴직금만 받건, 퇴직위로금과 퇴직공로금을
얹어 받건 모두 퇴직소득이니 세금을 피해갈 수 없다. 그런데 이제 회
사를 그만두고 놀면서 처자식을 먹여 살려야 하는 것이 퇴직금이다 보
니 그 무섭다던 세금도 퇴직금에 대해서만은 비교적 관대한 입장이다.

(1) 퇴직소득세의 계산구조와 흐름

일단 회사에서 받은 퇴직금에서 근속년수에 따른 공제액을 차감한
것이 퇴직소득금액이 된다. 예를 들어 25년을 근속하고 퇴직금 2억원
을 받았다면 퇴직소득은 1억 4,500만원{2억원 - (4,000만원 + 300만원 × (25

근속년수에 따른 퇴직소득공제액

근속년수	공제액
5년 이하	100만원 × 근속년수
5년 초과 10년 이하	500만원 + 200만원 × (근속년수 - 5년)
10년 초과 20년 이하	1,500만원 + 250만원 × (근속년수 - 10년)
20년 초과	4,000만원 + 300만원 × (근속년수 - 20년)

년 - 20년))}이 된다.

그런데 퇴직소득은 받기는 한꺼번에 받지만 25년간의 근로에 대한 대가로 보아 이를 근속년수(25년)로 나누어 연간 소득금액으로 환산(이를 연분연승법이라고 한다)한 금액의 12배수 금액을 계산하게 되는데, 이를 환산퇴직급여라고 한다. 따라서 환산퇴직급여는 6,960만원(1억 4,500만원 ÷25년×12)이 된다. 그리고 이 환산퇴직급여에서 금액별로 정해진 공제액(환산퇴직급여의 35%에서 100%로서 환산퇴직급여가 많을수록 낮은 율을 적용하게 됨으로써 고액의 퇴직일시금을 받는 사람이 더 불리함)을 차감한 과세표준에 세율을 곱하고 여기에 아까와는 반대로 다시 근속년수를 곱한 다음 12로 나누어 산출세액을 계산한다.

앞의 사례를 가지고 다시 한번 단계별로 계산해보면 퇴직소득세는 다음과 같이 계산된다.

- 퇴직소득금액 : 2억원 - 5,500만원(근속년수공제) = 1억 4,500만원

- 환산퇴직급여 : 1억 4,500만원 ÷ 25년 × 12 = 6,960만원

- 과세표준 : 6,960만원 - 4,496만원(환산퇴직급여공제액) = 2,464만원

- 산출세액 : (2,464만원 × 15% - 126만원) × 25년 ÷ 12 = 508만원

여기에 지방소득세(소득세 산출세액의 10%)를 포함할 경우 모두 5,582,500원을 부담하게 되므로 퇴직금 수령액(2억원)에 대한 실효세율은 2.8% 정도에 불과하다. 그런데 퇴직금에 대한 세금이 이렇게 적다는 점을 악용하면 법인의 임원들이 급여 대신 퇴직금을 지나치게 많게 책정하여 세금을 줄일 수도 있다. 세법에서는 이를 막기 위해 임원의 경우에는 퇴직 전 3년간의 연평균 급여의 1/10에 근속년수를 곱한 금액의 2배까지만 퇴직소득으로 인정하고, 이를 초과하는 금액은 근로소득으로 간주한다.

(2) 퇴직일시금과 퇴직연금의 세금차이

퇴직금을 일시금이 아닌 연금의 형태로 받는 경우(퇴직연금)에는 퇴직소득세가 아니라 연금소득세가 과세된다. 이 경우 퇴직일시금이 연금계좌로 지급되거나 받은 날로부터 60일 이내에 연금계좌로 이체할 경우에는 추후 연금계좌에서 인출할 때까지 퇴직소득세 원천징수를 유예하며, 이미 원천징수된 퇴직소득세를 환급받을 수도 있다.

퇴직연금은 연금소득으로서 종합소득에 해당한다. 단, 사적연금으로서 개인연금저축과 함께 분리과세와 종합과세 중 본인에게 유리한

환산퇴직급여	공제액
800만원 이하	환산퇴직급여의 100%
800만원 초과 7,000만원 이하	800만원＋800만원 초과액의 60%
7,000만원 초과 1억원 이하	4,520만원＋7,000만원 초과액의 55%
1억원 초과 3억원 이하	6,170만원＋1억원 초과액의 45%
3억원 초과	1억 5,170만원＋3억원 초과액의 35%

 퇴직소득 세액계산 흐름도

퇴직금

－

근속년수공제

＝

퇴직소득금액

÷

근속년수

×12＝

환산퇴직급여

－

공제액

＝

과세표준

×

세율

×

근속년수

÷12 ＝

산출세액

방식으로 선택할 수 있다. 앞의 사례의 경우 만약 퇴직 후 20년 동안 연금으로 매년 1,500만원을 받는다(연금소득 외의 다른 소득은 없다)고 가정하고 이에 따른 세금을 따져보기로 하자.

- 연금소득금액 : 연금수령액(1,500만원) − 연금소득공제(640만원) = 860만원
- 과세표준 : 연금소득금액(860만원) − 종합소득공제(300만원(본인과 배우자의 기본공제)) = 560만원
- 산출세액 : 과세표준(560만원) × 세율(6%) = 33.6만원
- 결정세액 : 산출세액(33.6만원) − 세액공제(7만원(표준세액공제)) = 26.6만원

따라서 20년간 매년 내야 할 세금은 모두 532만원으로서 일시금의 경우와 큰 차이는 없다.

금융소득,
비과세와 분리과세에 답이 있다

금융소득은 금융자산에서 발행하는 소득이다. 은퇴 이후를 대비해
서 평소에 번 돈을 열심히 저축했다면 금융자산이 형성되는데, 이들
금융자산으로부터 발생하는 이자와 배당소득을 합쳐 금융소득이라고
한다. 그런데 저금리시대가 고착화되면서 금융소득을 벌기가 예전보
다는 훨씬 더 어려워졌다. 하지만 금융자산과 금융소득은 은퇴 이후를
대비하기 위해서는 연금자산과 함께 어느 정도는 준비해야 한다.

1. 이자 및 배당소득에 대한 과세방법

금융소득은 부동산임대사업소득과 마찬가지로 특정의 자산, 즉 예·
적금 및 채권이나 주식 또는 펀드를 보유함으로써 얻어지는 파생적 소
득이라는 특성을 지니고 있다.

그런데 여타의 다른 소득과는 달리 금융소득에 대해서는 필요경비

가 전혀 인정되지 않는다는 점이 특징인데, 이는 결국 금융회사로부터 받은 수입금액이 그대로 소득금액이 됨을 의미하는 것이다.

예를 들어 1억원을 은행에서 연리 3%로 빌려 이를 저축은행에 연리 3.5%로 예금했을 경우 이자소득금액은 이자수입 350만원에서 이자비용 300만원을 뺀 50만원이 아니라 이자수입 350만원 전액이 소득금액이 된다. 따라서 동 이자소득에 대한 원천징수세액 54만원(소득세 49만원(350만원×14%) 및 지방소득세(소득세분) 4.9만원)을 차액 이익 50만원에서 차감하면, 이는 오히려 손해를 보는 잘못된 의사결정임을 알 수 있다.

금융소득도 종합소득에 해당하므로 다른 소득과 합산하여 모두 종합과세를 하는 것이 과세의 형평상 바람직하다고 볼 수 있지만, 현행 세법은 종합과세의 전면 실시에 따른 금융시장의 위축과 금융자산의 이탈 가능성을 감안하여 일정금액 이하의 금융소득은 분리과세하고 있다. 나아가 몇 가지 금융소득에 대해서는 아예 소득세를 물리지 않는(비과세) 경우도 있다.

(1) 비과세되는 금융소득

• 계약기간이 10년 이상인 저축성보험의 보험차익(매월 납입식(납입기간은 5년 이상일 것) 그리고 일시납인 경우 종신형은 금액에 상관없이 비과세되나 상속형은 납입보험료가 1억원 이하인 것만 비과세된다. 따라서 계약기간은 10년 이상이지만 10년이 경과하기 전에 납입한 보험료를 확정기간 동안 연금형태로 분할하여 지급받는 경우(확정형)와 월납입식(150만원 이내일 것)이 아닌 일시납 저축성보험으로서 납입보험료가 1억원을 초과하는 경우(상속형)에는 이자소득세가 과세된다)

- 개인종합자산관리계좌(ISA, 계약기간 동안 2,000만원~1억원까지 저축·투자가 가능하며 가입기간은 3년)의 소득 중 200만원(총급여 5,000만원(종합소득금액 3,500만원) 이하인 사람은 400만원) 이내의 금액

- 상장주식과 채권의 매매차익(단, 대주주(종목당 보유액 10억 원 이상)인 경우에는 양도소득세가 과세되며, 2025년부터는 대주주 여부에 상관없이 모든 양도차익에 대해 금융투자소득세가 과세된다).

- 비과세종합저축(65세 이상·장애인·독립유공자 등에 한해 5,000만원까지 가입 가능)의 이자와 배당소득(2025년 12월 31일까지 가입분)

- 농·축·수협, 신협, 새마을금고의 예탁금(20세 이상 성인 1인당 3,000만원 이하) 이자(2025년 12월 31일까지 비과세함)

- 청년도약계좌의 이자와 배당소득(만 19~34세로서 총급여 7,500만원 또는 종합소득금액 6,300만원 이하인 청년이 가입(연간 840만원 한도)하는 예적금, 펀드 등에서 발생하는 이자와 배당소득)(2025년 12월 31일까지 가입분)

- 펀드의 운용수익 중 상장주식의 매매차익 부분

(2) 무조건 분리과세되는 금융소득(( ) 안은 원천징수세율임)

- 비실명금융소득(90%)

- 개인의 투자용 국채이자소득(14%)(2억원 한도로 2024년 12월 31일까지 매입분)

(3) 종합과세 기준금액(2,000만원)을 넘는 경우에만 종합과세되는 금융소득

- 비과세 또는 무조건 분리과세되는 금융소득이 아닌 것으로서 금융소득이 연간 2,000만원을 초과하는 경우 2,000만원 초과액

예를 들어 중소기업 이사인 최 이사가 금년 중 본인 명의로 된 예금에서 3,000만원, 부인 명의의 예금에서 2,000만원, 부친의 명의로 된 예금에서 1,500만원의 세전 이자소득을 얻었다면, 최 이사의 금융소득금액 3,000만원 중 2,000만원을 초과하는 1,000만원이 최 이사의 근로소득에 합산되어 종합과세가 된다. 물론 1,000만원에 대한 원천징수 소득세 140만원(1,000만원×14%)은 이미 납부한 세액이므로 자진납부할 세액에서 차감된다.

현재는 종합과세 기준금액이 2,000만원이므로 연간 이자소득이 2,000만원(금리를 4%로 가정할 경우 이를 원금으로 환산하면 예금액이 5억원은 넘어야 할 것이다) 이내인 사람은 전혀 종합과세를 신경 쓸 필요가 없겠지만, 앞으로 점점 종합과세 기준금액이 낮아지거나 언젠가는 예외 없는 종합과세가 이루어질 것이므로 대한민국의 자칭 중산층에 해당되는 거의 대부분의 사람들이 세금의 무서움을 모두 느끼게 될 날이 곧 올 것으로 생각된다.

2. 금융소득종합과세

(1) 금융소득종합과세의 의미

금융소득은 원래 분리과세를 하는 것이지만 연간 금융소득이 2,000만원을 초과하는 경우에는 금융소득을 다른 종합소득에 합산하여 과세하게 되는데, 이를 금융소득종합과세라고 한다.

원래 금융소득의 대부분을 차지하는, 금융회사로부터 받는 이자나

배당소득은 그 대부분이 분리과세라고 하여 은행 등으로부터 이자나 배당을 받을 때, 그 받을 금액에 대해 소득세(14%)를 원천징수함으로써 납세절차를 종료시키는 방법을 적용해 왔다. 그러나 이런 일률적인 분리과세제도는 금융재산이 많은 사람들에게 상대적으로 더 유리하게 작용하므로 금융소득이 연간 2,000만원을 초과하는 경우에는 금융소득을 다른 종합소득에 합산하여 높은 세율로 세금을 과세하는 것이다.

다만, 이 경우 금융소득이 종합소득에 포함된다 하더라도 연간 금융소득이 2,000만원을 초과하는 부분에 대해서만 종합소득세율을 적용하고 2,000만원에 대해서는 분리과세세율(14%)을 적용하게 된다. 따라서 금융소득이 연간 2,000만원을 초과하지 않는 사람들은 당장은 종합과세를 당하지 않게 되므로 별다른 걱정이 없을 것이다.

그러나 장기적으로는 분리과세 저축상품이 결국 없어질 것이며, 현재는 2,000만원인 종합과세의 기준금액도 더 낮아지거나 아예 없어질 가능성이 매우 높기 때문에 금융소득종합과세에 대한 대비를 미리미리 해나가야 할 것으로 생각된다. 더구나 우리나라의 1인당 국민소득이 4만달러에 진입하게 되면 중산층에 해당하는 국민 대부분이 상당한 금융자산을 보유하게 될텐데, 이렇게 되면 넘치는 유동성으로 인해 소득세 세수입 중 금융소득세가 차지하는 비중도 매우 높아질 전망이다.

(2) 종합과세할 경우 소득세의 계산

금융소득에 대한 종합과세는 소득세의 누진기능을 활용하여 부의 재분배를 촉진하기에 유용한 제도임에는 틀림이 없다. 그러나 급히 먹는 밥은 언제나 체하는 법, 늘 그렇듯이 제도가 아무리 이상적으로 좋다 하더라도 정책을 시행하면 그 부작용은 항상 있게 마련인 법이다. 금융소득종합과세에 따른 문제점이라 함은 역시 가진 자(기득권층)의 세부담 증가에 대한 저항이라고 볼 수 있다. 이를 구체적으로 따져보면 예·적금의 인출 및 해외도피와 과소비(어차피 세금으로 낼 바에야 쓰고 보자는 주의), 그리고 부동산 등 실물자산의 가격상승 등을 들 수 있다.

따라서 이러한 부작용들을 사전적으로 예방하려면 한마디로 한꺼번에 너무 놀라게는 하지 말아야 한다는 것인데, 이를 위해 종합소득에 금융소득이 포함될 경우 산출세액의 계산을 다음과 같이 하도록(이를 비교과세라고 한다) 하고 있다. 이렇게 비교과세하는 이유는 종합과세가 됨으로써 소득세 부담이 종전보다 더 낮아질 수도 있기 때문에 이를 적절히 고려되지 않으면 안 되기 때문이다. 왜냐하면 금융소득에 대한 원천징수세율은 14%이지만 종합소득세율은 최저 6%인데다 종합과세를 하면 종합소득공제를 받을 수 있어 세금이 더 적어질 수도 있기 때문이다. 예를 들어 이자소득이 3,000만원인(2인 가족으로서 종합소득공제액을 300만원으로 가정함) 사람이 원천징수로 부담하는 세금은 420만원(3,000만원×14%)인데, 종합과세할 경우에는 322만원{(2,000만원×14%)+(1,000만원−300만원)×6%}으로 줄어든다.

따라서 금융소득종합과세를 할 경우에는 2개의 세액을 비교하여 큰 금액으로 결정하게 된다. 그러므로 이 경우 종합소득신고를 하더라도 원천징수세액과의 차액 98만원은 환급받을 수 없다.

비교과세의 예를 다시 한번 살펴보기로 하자. 예를 들어 사업소득이 9,000만원이고 은행 이자소득이 3,000만원인 사람(종합소득공제액은 700만원으로 가정)의 종합소득세액은 다음과 같이 계산한다.

먼저 2,000만원까지는 분리과세를 하는 경우와 마찬가지로 14%의 원천징수세율로 세액을 계산하고 2,000만원을 초과하는 금액(1,000만원)만 소득자의 다른 종합소득에 합산하여 세액을 계산한다.

- 종합소득금액 : 9,000만원+1,000만원 = 1억원
- 종합소득 과세표준 : 1억원−700만원 = 9,300만원
- 종합소득 산출세액 : 1,536만원+(9,300만원−8,800만원)×35% = 1,711만원
- 총산출세액 : 1,711만원+280만원(2,000만원×14%) = 1,991만원

※ 신고서상 종합소득은 1억 2,000만원이며, 과세표준은 1억 1,300만원이다. 다만, 과세표준 중 2,000만원은 14%를 적용하고 나머지 9,300만원에 대

해 종합소득세율이 적용되어 산출세액은 1,991만원으로 기입된다.

다음으로는 금융소득 전액이 모두 분리과세되었을 경우의 세액을 계산한다. 즉, 이는 금융소득을 종합소득에 전혀 합산하지 않고 세액을 계산하는 것이다.

- 종합소득금액 : 9,000만원
- 종합소득 과세표준 : 9,000만원 − 700만원 = 8,300만원
- 종합소득 산출세액 : 624만원 + (8,300만원 − 5,000만원) × 24% = 1,416만원
- 총산출세액 : 1,416만원 + 420만원(3,000만원 × 14%) = 1,836만원

앞의 두 경우 중에서 많은 금액인 1,991만원을 종합소득 산출세액으로 하며, 은행으로부터 이자를 지급받을 당시에 원천징수당했던 420만원을 기납부한 세액으로 차감하면 종합소득 확정신고시에 내야 할 세금은 결국 1,571만원이 된다. 그리고 소득세에 대한 지방소득세(10%) 157만 1,000원을 별도로 납부해야 한다.

금융소득자를 위한 11가지 절세 노하우

1. 이자에 대한 소득세가 비과세되는 저축을 들자

이들은 이자에 대해 소득세를 전혀 안 낼 뿐만 아니라 금융소득종합 과세에도 포함되지 않는다. 현행 세법상 이자소득세가 비과세되는 대표적인 저축상품으로는 장기저축성보험(계약기간이 10년 이상인 월납 입식(월 150만원 한도) 또는 1억원 이하의 일시납 저축성보험 및 종신형 연금보험)과 개인종합자산관리계좌(ISA) 등이 있으며, 그 외에도 65세 이상 이나 장애인, 국가유공자 및 기초생활수급자들은 1인당 5,000만원 까지 비과세되는 비과세종합저축이 있다. 또한 농·수·축협 단위조합, 신협, 새마을금고의 20세 이상 성인 1인당 3,000만원 이하의 예탁금 이자에 대해서도 소득세는 비과세되고, 1.4%의 농어촌특별세 만 내면 된다. 이들 중 특히 장기저축성보험은 상속형을 제외하고는 비과세 한도도 없을 뿐만 아니라 일시납도 가능하니 금융소득종합 과세 대비로는 안성맞춤이다.

2. 금융소득종합과세에 대비하여 배우자 및 자녀와 부모님의 명의를 적극 활용하자

증여세 공제액 범위 내에서 배우자 또는 자녀의 명의로 예금을 들 도록 한다. 배우자의 경우에는 6억원까지, 성년인 자녀의 명의로는 5,000만원까지 그리고 미성년인 자녀의 명의로는 2,000만원까지 증여세가 면제되므로 이 금액의 예금이자는 일단 종합과세에서 제외시킬 수 있다. 또한 10년 후에는 같은 금액의 범위 내에서 재차증여가 가능하다. 금융자산이 많은 경우에는 부모님의 명의로 분산하는 것도 고려해 보기 바란다(부모님을 못 믿으면 하는 수 없고…). 다만, 이 경우 명의자의 예금으로 보아 배우자나 자녀 또는 부모에게 증여세가 과세될 수 있으므로 주의해야 한다.

3. 금융소득의 수입시기를 연도별로 고르게 분산하자

종합소득세의 과세기간은 1년이므로 금융소득이 특정 연도에 한꺼번에 발생하게 하는 것보다 매년 나누어서 발생하게 하면 그만큼 세부담액을 줄일 수 있기 때문이다. 세법상 이자소득의 귀속시기는 실제 받은 날을 기준으로 한다. 따라서 특정 연도에 이자소득이 한꺼번에 몰리게 하는 것보다는 연도별로 분산시키는 것이 바람직하다. 펀드투자에 따른 배당소득은 환매하는 시점에 귀속되므로 환매시기를 조절하는 것도 좋은 방법이다. 펀드와 같은 간접투자상품의 투자수익 중 배당을 제외한 매매차익부분도 직접투자에 따른 매매차익처럼 2025년부터는 금융투자소득세가 과세된다. 하지만 기본공제금액이 5,000만원이므로 양도차익이 연간 5,000만원을 넘지 않는다면 낼 세금은 없다. 또한 양도차익과 양도차손을 통산한 순액에 대해서 과세하므로 손실을 본 금액은 양도차익에서 공제된다. 그러므로 평가차익이 큰 종목은 수개 년에 걸쳐서 나누어 양도하면 금융투자소득세를 피할 수 있다. 나아가 연금펀드는 후일 연금수령시에 연금소득세가 과세되는데, 연금소득세율(3~5%)이 금융투자소득세율(20%)보다는 낮으므로 이를 활용하는 것도 바람직하다.

4. 현행 세법상 채권의 매매차익은 과세되지 않음을 감안하여 가급적 표면금리가 낮은 채권에 투자하자

간접투자상품인 채권형펀드에서 발생한 수익은 전액 배당소득에 포함된다. 그러나 채권에 직접투자한 경우 이자수익은 이자소득에 포함되지만 매매차익은 과세대상이 아니다. 이런 점을 활용하여 채권의 약정금리(표면금리)가 낮아 발행가가 싼 채권에 투자하면 과세대상인 이자소득은 적은 대신에 비과세되는 매매차익 부분이 더 크기 때문에 유리하다.

5. 타익신탁을 활용하자

타익신탁이란 신탁재산을 맡긴 위탁자가 신탁의 이익을 수령할 수익자를 다른 사람으로 지정하는 것을 말한다. 예를 들어 부모가 자신의 금융재산을 신탁하되 수익자를 배우자 또는 자녀로 지정하게 되면 그 신탁재산에서 발생하는 금융소득은 모두 배우자 또는 자녀에게 귀속되므로 위탁자의 금융소득은 그만큼 줄어들게 된다. 그러나 이 경우에도 해당 신탁이익을 모두 배우자 또는 자녀에게 증여한 것으로 보므로 신탁의 이익이 배우자나 자녀의 증여재산공제액을 초과하지 않도록 유의해야 한다.

6. 일반금융상품은 세후수익률을 감안하여 선택하자

금융소득종합과세의 대상이 아니라면 세전 이자수익을 극대화할 수 있는 만기지급식이 가장 유리하겠지만 종합과세의 대상이 되면 이자금액이 일시에 집중됨에 따라 종합과세에 따른 세액이 증가함으로써 세후이익이 오히려 감소할 수도 있다는 점을 알아야 한다. 그러므로 이자지급방식을 선택할 때는 이 점을 반드시 고려해야 한다.

7. 욕심을 버리고 아낌없이 가족에게 증여하는 것도 방법이다

일정금액 범위 내에서는 증여세 부담없이 증여할 수도 있지만 경우에 따라서는 증여세를 내고서라도(증여세 과세표준이 1억원 미만인 경우에는 세율이 10%이다) 종합과세를 피하는 것이 유리한 경우도 있다. 그 이유는 증여세는 증여시에 한 번만 내면 되지만 종합과세는 매년 반복되는 것이므로 전체 기간의 세부담이 만만치 않기 때문이다.

8. 주식형 수익증권이나 펀드에 가입하자

주식형 수익증권이나 펀드의 운용수익 중 상장기업과 벤처기업 주식에 투자한 경우 배당을 제외한 매매차익 부분은 과세되지 않기 때문에 일정액의 수익만 예상된다면(?) 절세가 되는 것은 당연하다. 만약 과세되는 운용수익이 많은 경우라면 환매시기를 연도별로 분산하는 것도 좋은 방법이다. 펀드 운용수익 중 이자나 배당금 부분은 펀드 결산을 통해 원본에 전입된 날 귀속되지만 매매·평가차익 부분은 실제환매일에 귀속되기 때문이다. 한편 채권형펀드의 경우는 수익분배금을 모두 배당소득으로 보아 과세하며 연금펀드에 가입해서 훗날 연금을 수령하는 경우에는 운용수익(이자와 배당수익분)에 대해 연금소득세가 과세된다. 특히 해외펀드인 경우에는 매매차익에 대해서도 과세되는데, 연금소득세는 이자소득세보다 세율이 낮으므로 연금펀드에 가입해서 연금으로 수령하면 절세가 가능하다.

9. 금융소득종합과세를 피하기 위해서는 이자소득을 연금소득으로 전환시키자

금리가 3.5%일 경우 금융자산이 6억원 이상이면 연간 이자소득이 2,000만원을 초과하게 되므로 금융소득종합과세의 대상이 된다. 하지만 배우자간 분산을 실행하면 가구당 12억원까지도 아무 문제가 없다. 게다가 금융소득만 있는 경우에는 종합과세가 된다고 하더라도 그리 세금부담이 크게 늘어나지는 않는다. 예를 들어 금융자산이 15억원이고, 이에 대한 연간 금융소득이 5,000만원일 경우 분리과세시 원천징수세액은 700만원이다. 그러나 종합과세시에는 종합소득공제를 받는데다가 2,000만원까지는 여전히 14%를 적용하기 때문에 산출세액이 559만원{(2,000만원×14%)+((3,000만원 - 300만원(종합소득공제))×15% - 126만원)}으로 오히려 더 줄어든다. 금융소득종합과세로 인한 추가적인 세금부담이 전혀 없다는 뜻이다. 그러나 이런 경우는 극히 드물다. 금융소득종합과세의 대상이 될 정도라면 임대나 사업소득 등 다른 종합소득이 있기 마련이다.

만약 이 사람에게 다른 종합소득 7,000만원이 있다면 2,131만원

{(2,000만원×14%)+((7,000만원+3,000만원) − 300만원(종합소득공제))×35% − 1,544만원}으로 세금부담이 늘어나게 된다. 분리과세됐을 경우에 비해 약 400여만원의 세금을 더 내게 된다. 특히 금융소득종합과세를 피하기 위해 배우자 명의로 예금해서 배우자가 종합소득자가 된다면 배우자에게는 건강보험료 등 공적보험료의 추가부담도 불가피하다.

이런 경우에는 금융자산을 이자소득이 비과세되는 장기저축성보험으로 예치하고 나중에 연금으로 수령하면 금융소득종합과세에서 제외될 수 있다. 부부 각각 1억원씩 2억원은 상속형으로, 나머지는 종신형으로 해서 상속형은 즉시, 종신형은 55세 이후부터 연금수령을 하거나, 아니면 10년 후에 확정기간 동안 연금으로 수령하도록 하면 장기적으로 금융소득종합과세를 고민하지 않아도 된다.

10. 개인종합자산관리계좌(ISA) 및 해외주식투자전용펀드에 가입하자

개인종합자산관리계좌(ISA)의 가입기간은 3년으로서 가입기간 동안 2,000만원에서 최대 1억원까지 저축할 수 있는데, 예금을 비롯해서 펀드 등 각종 투자상품을 모두 포함할 수 있다. 만기나 인출시에는 계좌의 손익을 모두 통산하여 과세하는데 200~400만원까지는 소득세가 비과세되며, 초과분에 대해서도 9%로 분리과세된다.

11. 청년도약계좌에 가입하자

청년도약계좌에서 발생한 이자와 배당소득은 비과세된다. 단, 가입대상은 만 19~34세로서 총급여 7,500만원 또는 종합소득금액 6,300만원 이하(가구의 소득도 일정수준 이하이어야 함)인 청년만 가입할 수 있으며 2025년 12월 31일까지 가입분에 한해 연간 840만원(월 70만원) 한도내에서 납입하는 예적금, 펀드 등에서 발생하는 이자와 배당소득이 비과세된다.

소득 관련 세금 Q&A

Q 근로소득자가 소득이 전혀 없는 부인의 명의로 보장성보험을 가입하고 보험료를 납입한 경우에 동 보험료에 대해 세액공제를 받을 수 있는 것인지?

A 보장성보험료에 대한 세액공제는 원칙적으로 근로자 본인이 계약을 하고 보험료를 지급해야 하는 것이나, 소득이 없는 배우자 명의로 계약한 경우에도 해당 근로자가 보험료를 실제로 지급한 것으로 인정되면 세액공제를 받을 수 있다. 단, 피보험자는 근로자 본인이나 배우자, 기타 공제대상 부양가족 등 기본공제대상자여야 한다.

Q 연금저축(보험·펀드)을 배우자 명의로 가입한 경우에 남편의 종합소득에서 세액공제를 받을 수 있는지?

A 연금저축(보험·펀드)에 대한 세액공제는 계약자 본인에 대해서만 가능하므로 이 경우에는 공제받을 수 없다.

Q 연금저축(보험·펀드)을 만기까지 납입했으나 이를 연금으로 수령하지 않고 일시금으로 수령하는 경우에는 기타소득세가 과세된다는데?

A 연금저축(보험·펀드)을 만기까지 납입한 후, 연금이 아닌 일시금으로 받는 경우와 중도에 해약하는 경우에는 기타소득세가 과세

된다. 기타소득세는 기타소득(일시금 지급액)의 15%를 원천징수하는데, 연간 기타소득이 300만원을 초과하더라도 종합소득에 합산되지는 않는다.

Q 연봉이 4,000만원인 근로자가 67세인 어머님의 병치료를 위해 의료비를 1,000만원 지출했을 경우 세액공제받을 수 있는 금액은?

A 의료비세액공제는 세액공제 대상 의료비의 15%에 해당하는 금액을 산출세액에서 공제해 준다. 여기서 세액공제 대상 의료비란 연간 총급여의 3%를 초과하는 금액과 700만원 중 적은 금액을 말한다. 그러나 노부모(65세 이상)를 위한 의료비는 전액에 대해 세액공제가 가능하다. 이 경우 본인, 65세 이상자 및 장애인 이외의 기본공제 대상자에 대한 의료비 지출액이 연간 총급여액의 3%에 미달하는 금액은 소득공제액에서 제외되므로 120만원(4,000만원×3%)을 차감한 880만원의 15%인 132만원을 세액공제받을 수 있다.

Q 사업소득자가 소득이 없는 장인(66세), 장모(61세)를 부양하고 있었으나, 연도 중에 장인이 사망한 경우 부양가족공제를 받을 수 있는지?

A 부양가족의 범위에는 배우자의 직계존속도 포함되는 것이며, 연도 중 사망했더라도 당해년도에 한해서는 공제가 가능하다.

Q 연간 급여총액이 4,000만원인 근로자가 다니는 교회에 400만원의 기

부금을 헌납했을 경우 전액에 대해 기부금세액공제가 가능한 것인지?

A 교회·성당·사찰 등 개별종교단체가 소속한 교파의 총회·교구·종단 등의 단체가 주무관청에 등록되어 있거나 민법 제32조의 규정에 의해 설립된 비영리법인인 경우에만 그 종교단체에 대한 기부금을 세액공제받을 수 있으며, 이 경우에도 근로소득금액의 10%까지만 세액공제받을 수 있다. 따라서 근로소득금액 2,875만원(4,000만원-1,125만원)의 10%인 2,875,000원에 대해서만 15%인 431,250원이 세액공제되고 초과분 1,125,000원에 대해서는 세액공제를 받을 수 없다.

Q 남편은 근로소득자이고 부인은 연간 소득금액이 3,000만원 이하인 사업자인데 5세인 자녀를 둔 경우, 맞벌이부부소득공제와 자녀세액공제 및 유아원 교육비세액공제를 받을 수 있는지?

A 맞벌이부부소득공제는 추가공제로서 배우자(남편)가 있는 여성소득자(부인)가 공제받을 수 있는 것이며, 자녀세액공제는 20세 이하의 자녀를 둔 종합소득자(남편 또는 부인)가 공제받을 수 있다. 그리고 교육비세액공제는 근로자에 한해 교육비의 15%가 세액공제되므로 근로자인 남편이 받으면 된다.

Q 은행과 보험회사에 각각 연금저축을 들었다. 두 저축 모두 연말에 세액공제를 받을 수 있는지?

A 연금저축은 한 사람이 2계좌 이상 가입했을 경우 각 계좌의 납입

금 합계액을 기준으로 세액공제한다. 연간 납입액 전액을 최고 600만원 한도 내에서 12%(또는 15%)를 세액공제받을 수 있다. 연금저축은 연간 1,800만원까지 납입이 가능하며, 분기별 납입한도는 없다. 단, 중도해지시 불이익을 보는 장기저축상품이다.

Q 개인사업자 갑은 보험회사에 장기손해보험계약을 체결하고자 한다. 보험계약의 내용은 사고 발생시 보장과 함께 보험기간 만료시 만기환급금을 지급하는 조건이다. 이런 경우 사업자 갑이 매년도에 사업소득의 필요경비에 산입할 수 있는 보험료의 범위는?

A 개인사업자 또는 법인이 보험기간 만료 후에 만기환급금을 지급하겠다는 뜻의 약정이 있는 손해보험에 대한 보험료를 지급한 경우에는 그 지급한 보험료액 가운데 적립보험료에 상당하는 부분의 금액은 자산으로 처리하고 기타 부분의 금액을 기간 경과에 따라 매사업년도에 필요경비에 산입하는 것이다.

Q 연 100만원 이상의 소득이 있는 근로자 K가 보장성보험에 연 100만원 이상의 소득이 있는 배우자를 피보험자로 하여 가입했다면, K가 보장성보험의 보험료세액공제를 받을 수 있는가?

A 소득세법에 규정된 보장성보험료의 세액공제는 일용근로자를 제외한 근로소득이 있는 거주자가 기본공제대상자(본인, 배우자, 부양가족)를 피보험자로 하여 보장성보험에 가입했을 경우에 가능하다고 규정하고 있다. K의 배우자는 연 100만원 이상의 소득이 있

으므로 기본공제(배우자공제) 대상이 되지 않으므로 K는 위의 보장성보험에 대해 보험료세액공제를 받을 수 없다. 다만 K의 배우자가 근로자라면 본인 명의로 가입(계약)하고 본인의 소득세에서 보험료세액공제를 받을 수 있다.

Q 연봉이 6,000만원인 근로자(세대주)이고 현재 38평 아파트에 살고 있는데, 이번에 전세계약이 만료되어 전세가 상승분을 월세로 내기로 했다. 매월 50만원을 월세로 낼 경우 세금혜택을 볼 수 있는지?

A 월세소득공제는 연간 총급여가 7,000만원 이하인 근로자이면 배우자나 부양가족 유무에 상관없이 세액공제(월세금액(750만원 한도)의 15%(총급여 5,500만원 이하이면 17%))가 가능하다. 단, 월세로 살고 있는 주택이 국민주택규모(85㎡) 이하여야 하므로 38평 아파트는 해당되지 않는다. 참고로 오피스텔이나 고시원 등 주택으로 분류되지 않는 것들에 대한 월세지출액은 세액공제를 받을 수 없지만 주거용 오피스텔은 가능하다.

Q 연금저축을 월 80만원씩 납입하다가 4년만에 해지하여 4,000만원을 수령하는 경우 기타소득으로 과세되는 금액은?

A 세액공제받은 납입액과 운용수익에 대해서만 과세하므로 2,560만원{2,400만원+(4,000만원-3,840만원) 또는 4,000만원-1,440만원(세액공제 못 받은 금액)(360만원×4년)}이 기타소득에 해당되어 기타소득세 384만원(15%)이 원천징수된다.

Q 근로자퇴직급여보장법에 의한 퇴직연금부담금이 사업자 또는 법인의 소득세 계산시 경비로 인정이 되는지? 그리고 해당 근로자에게 근로소득세가 과세되는지?

A 근로자퇴직급여보장법에 의한 퇴직연금부담금은 모두 필요경비(손금)로 인정되며, 그 수익자인 근로자의 근로소득에도 포함되지 않는다.

Q 근로자가 퇴직금을 연금으로 받을 경우와 일시금으로 받을 경우에는 퇴직소득세를 각각 어떻게 계산하는지?

A 퇴직금을 연금으로 수령하는 경우에는 연금소득으로 과세되어 종합소득에 합산되지만, 일시금으로 수령하는 경우에는 퇴직소득으로 과세된다. 다만 일시금으로 수령했다고 하더라도 이를 본인의 연금계좌로 지급받거나 받은 날로부터 60일 이내에 연금계좌로 이체할 경우에는 추후 연금계좌에서 인출할 때까지 퇴직소득세 원천징수를 유예받을 수 있으며, 퇴직금 지급시 이미 퇴직소득세를 원천징수했다면 다시 환급받을 수 있다.

Q 보장성보험의 보험료를 사용자 또는 법인이 지급해 주는 경우에도 보험료세액공제를 받을 수 있는지?

A 종합소득 산출세액에서 공제받을 수 있는 보장성보험의 보험료를 사용자 또는 법인이 근로자를 위해 대신 지급해 주는 경우에도 보험료세액공제는 가능하다. 다만 동 보험료 상당액을 근로자의 급여에 가산하게 되므로 근로소득세는 본인이 부담해야 한다.

TAX SAVING KNOW-HOW

6장

부동산, 사고팔 때마다 세금 낸다

01 부동산을 살 때는
자금출처조사를 조심하라!

돈을 벌면 사람들은 그 돈으로 여러 가지 투자 대상을 물색하여 투자라는 것을 한다. 돈이란 벌기도 힘들지만 번 돈을 잘만 굴리면 벌 때만큼의 고통과 노력을 들이지 않고도 쉽게 돈을 벌 수 있기 때문에 사람들은 저마다 재테크에 관심을 기울이게 된다.

개인의 투자 대상이 되는 자산에는 크게 주식·채권과 같은 유가증권과 부동산이 있는데, 주식·채권은 공급 물량의 확대를 통해 얼마든지 확대재생산이 가능하지만 부동산(특히 토지)은 재생산이 불가능하다는 특성을 지니고 있다는 것이 차이점이다.

그러므로 실제 수요와는 아무 상관이 없는 투기의 대상이 되었을 때는 가격이 치솟고, 이에 따라 여러 가지 사회적인 문제를 일으킬 수가 있다. 따라서 정부에서는 부동산의 가격을 안정시키고 부동산의 투기를 방지하기 위해 부동산의 취득과 보유, 그리고 처분에는 엄격하게 세금을 매기고 있다.

특히 부동산은 거래금액이 거액이기 때문에 소득이 없거나 적은 배우자나 자녀 등이 스스로 취득하기에는 어려움이 있다. 따라서 취득자금을 배우자나 부모로부터 증여받아 취득하는 경우가 많다. 이렇게 증여가 의심되는 경우에는 국세청으로부터 부동산 취득자금에 대해 자금출처조사를 받게 되는데, 이때 취득자금의 출처를 명확하게 제시하지 못하면 꼼짝없이 증여세를 내야 하므로 미리 이에 대비해야 한다.

1. 자금출처조사기준과 소명방법

개인이 부동산을 사거나 채무를 상환하게 되면 일단 그 취득자금과 채무상환자금에 대해 조사를 받게 된다. 그러나 조사라고 해서 세무서에서 직접적인 조사를 하는 것은 아니고, 자기가 부동산을 취득한 자금이 어디서 조달된 것인가 하는 것을 서면으로 입증(소명)하면 된다.

이와 같은 자금출처조사를 하는 이유는 전업주부나 미성년자와 같이 자기 스스로의 힘으로 부동산을 사기가 어렵다고 보이는 사람이 남편이나 부모 등 직계존속으로부터 재산을 미리 물려받아 재산을 취득하는 경우에 이를 증여로 추정하고 당사자가 소명하지 못할 경우 증여세를 물리기 위한 것이다.

특히 최근에는 투기과열지구나 조정대상지역 내의 주택을 취득하는 경우에는 반드시 주택취득자금조달계획서와 관련 증빙을 시·군·구에 제출해야 하는데, 이는 국세청으로 통보되어 증여세 과세자료로 활용되므로 이에도 사전에 대비해야 한다.

그런데 부동산을 취득했다고 해서 국세청에서 무조건 자금출처를 조사하는 것은 아니다. 연령별로 최근 10년 이내의 재산 취득 및 채무상환금액이 다음의 기준금액에 미달하고, 재산 취득금액과 채무상환액의 합계가 총액 한도에 미달하는 경우에는 증여로 추정하지 않는다.

자금출처조사 기준(증여추정배제기준)금액

구분	취득재산		채무상환	총액 한도
	주택	기타재산		
30세 미만	5천만원	5천만원	5천만원	1억원
30세 이상	1.5억원	5천만원	5천만원	2억원
40세 이상	3억원	1억원	5천만원	4억원

또한 기준금액을 넘는 경우라 하더라도 최근 3년 동안의 소득 및 부동산 양도소득금액이 취득금액의 70% 이상인 경우에는 자금출처조사를 하지 않고 사후관리만 한다.

관할 세무서는 위의 기준에 해당되는 사람에 대한 전산출력자료 등을 검토하여 증여의 혐의가 있거나 부동산투기 혐의가 있는 사람에 대해서만 소명자료 제출 요구서를 발송한다.

소명자료 제출을 요구받은 사람은 요구서에 표시된 대로 취득재산의 자금출처를 기입하고 해당 증빙서류와 함께 관할 세무서에 이를 우편으로 보내면 되는데, 이때 자금의 출처로 인정받아 제출할 수 있는 것들은 다음과 같다.

① 소득세 납세증명서 또는 납세영수증
② 융자나 남의 돈을 빌린 경우에는 부채증명서(차입약정서)
③ 다른 재산을 처분한 경우에는 매매계약서나 등기부등본
④ 전세(임대)보증금이 있는 경우에는 전세(임대)계약서
⑤ 상속받거나 증여받은 경우에는 상속세(증여세)신고서

소명자료의 제출을 요구받은 경우에는 15일 이내에 위의 자료들을 제출해야 하며, 세무서는 제출된 소명자료를 검토하여 증여의 혐의가 있는 경우에는 직접조사를 벌이게 된다. 이때 자기가 취득한 부동산 금액의 전액에 대해서 자금출처를 입증해야 하는 것은 아니며, 취득자금의 80% 이상만 입증(단, 취득재산이 10억원을 초과하는 경우에는 미소명금액이 2억원 미만이어야 한다)하면 증여세가 과세되지 않는다.

한편 세법에서는 부동산 외에도 실명이 확인된 계좌에 보유하고 있는 금융재산을 명의자의 재산으로 추정한다. 예를 들어 실제로는 부모의 돈이지만 금융소득종합과세를 피하기 위해 자녀의 명의로 예금했다면 예금 가입시점에서 부모가 자녀에게 이를 증여한 것으로 추정하므로 주의해야 한다. 따라서 자녀 명의의 예금에 대해 국세청에서 자녀에게 자금출처소명을 요구했을 때 이를 소명하지 못하면 자녀가 증여받은 것으로 보아 증여세를 부과당할 수 있다.

나아가 증여재산공제액(성년자녀 : 5,000만원, 미성년자녀 : 2,000만원)을 초과한 자녀명의의 예금은 차명거래로 간주되어 금융실명거래 및 비밀보장에 관한 법률에 따라 처벌을 받게 된다. 따라서 자녀가 별다른 소득이 없는 경우에는 가급적 증여재산공제액 범위 내에서 증여하고, 증여재산공제액을 초과하는 예금인 경우에는 증여신고를 해두는 것이 안전하다.

2. 취득세

(1) 취득세는 누가 내는가?

취득세는 부동산 등을 취득했을 때 내는 세금으로서 지방세에 해당한다. 취득세의 과세대상은 부동산 외에도 차량·골프회원권·콘도회원권 등이 있다. 그리고 상속·증여로 인해 부동산을 취득한 경우에도 취득세를 내야 한다.

(2) 취득세의 과세표준은?

취득세의 과세표준은 취득 당시의 가액이다. 즉, 취득세는 취득자가 신고한 실제의 취득가액에 대해서 내는 것이다. 개인이 토지와 건축물을 매매한 경우에는 반드시 계약일로부터 60일 이내에 실제거래가액을 시·군·구청에 신고해야 하는데, 이때 신고한 금액이 취득세의 과세표준이 된다. 예를 들어 어떤 무주택자가 40평짜리 아파트를 9억원에 매입한 후 9억원을 매입가격으로 신고했다면 실제 취득가액인 9억원이 취득세 과세표준이 된다. 단, 부동산을 무상으로 취득하는 경우 증여로 취득시에는 취득시기 현재 불특정 다수인 사이에 자유롭게 거래가 이루어지는 경우 통상적으로 성립된다고 인정되는 가액(매매사례가액, 감정가액, 공매가액을 말함)으로 하며, 상속에 따른 무상취득시에는 공시가격 등 시가표준액을 취득금액으로 한다.

(3) 취득세의 세율은?

취득세의 세율은 일반적으로 과세표준의 4%(유상거래에 의한 주택 취득의 경우 6억원 이하는 1%, 6억원 초과 9억원 이하는 1~3%, 9억원 초과 주택은 3%임)이다. 그러나 다주택자에 대해서는 금액에 상관없이 취득세율을 중과하는데, 조정지역 내의 1세대 3주택 취득시에는 6%(이사를 목적으로 하는 일시적 2주택은 예외)를 적용하며, 비조정지역 내의 3주택은 4%, 4주택 이상부터는 6%를 적용한다. 또한 고급주택이나 별장 등의 사치성 재산에 대해서도 취득세를 중과세(4%에 중과기준세율(2%)의 4배를 더한 12%를 적용함)한다.

여기서 고급주택의 범위는 다음과 같다(단독주택은 ① ② 중 하나에 해당하는 경우 고급주택에 해당한다).

① 단독주택으로서 건물의 연면적이 331㎡(100평)를 초과하면서 건물가액이 9,000만원을 초과하는 것

② 단독주택으로서 대지가 662㎡(200평)를 초과하는 것으로서 건물가액이 9,000만원을 초과하는 것

③ 연면적(공용면적 제외)이 245㎡(74평)를 초과하는 아파트 등 공동주택

그러나 광역자치단체(시·도)가 정한 도세감면조례에 따라 서민들이 취득한 소형주택(예를 들면 서울시와 경기도의 경우 전용면적이 40㎡(12평) 이하이면서 취득가액이 1억원 이하인 공동주택)과 임대사업을 목적으로 취득한

부동산 취득 관련 세금

취득부동산	취득세	지방교육세	농어촌특별세	합계
6억원 이하 주택	1%	0.1%	0.2%	1.3%
6억원~9억원 이하 주택	1~3%	0.1~0.3%	0.2%	1.3~3.5%
9억원 초과 주택	3%	0.3%	0.2%	3.5%
일반부동산	4%	0.4%	0.2%	4.6%
증여취득	3.5%	0.3%	0.2%	4%

* 취득한 부동산이 주택으로서 국민주택규모 이하인 경우에는 농어촌특별세가 비과세된다.

** 6억원~9억원인 주택의 취득세율은 다음과 같이 계산된다. ⇨ (취득가액 × $\frac{2}{3}$ − 3) × 1%

*** 1세대 3주택자로부터 조정지역 안에 있는 시가표준액(공시가격)이 3억원 이상인 주택을 증여받은 경우에는 6%의 취득세율을 적용한다(단, 1세대 1주택 또는 1세대 2주택을 배우자나 직계존비속에게 증여하는 경우에는 3.5%를 그대로 적용함).

주택에 대해서는 취득세를 감면해준다.

한편 취득세에는 지방교육세와 농어촌특별세가 별도로 부가되는데, 지방교육세는 취득세의 20%(주택은 취득세의 1/2을, 일반부동산은 취득세 세율에서 2%를 차감한 것을 과세표준으로 함)가, 농어촌특별세는 취득세(이 경우 취득세 세율을 2%로 본다)의 10%가 부가된다. 단, 국민주택 규모(전용면적 85㎡(25.7평)) 이하의 주택은 농어촌특별세가 제외된다. 따라서 앞에서 예를 든 아파트의 경우 취득시에 부담하는 세금은 모두 3,150만원(취득세 2,700만원(9억원×3%)+지방교육세 270만원(2,700만원×1/2×20%)+농어촌특별세 180만원(1,800만원×10%))으로서, 취득가액 9억원의 3.5%가 된다.

(4) 취득세는 언제까지 내야 하는가?

취득세는 취득일로부터 60일 이내에 부동산이 소재하는 관할 시, 군, 구청에 자진하여 신고·납부해야 한다. 여기서 취득일이란 계약서상의 잔금지급 약정일을 말하며, 신축 건물인 경우에는 사용검사필증 교부일이 취득일이 된다. 한편 상속에 의한 취득시에는 상속개시일(사망일)이 취득일이며, 취득일로부터 6개월 내에 취득세를 신고·납부해야 한다.

만일 기한 내에 취득세를 신고하고 납부하지 않으면 20%의 신고불성실가산세와 지연납부기간에 따른 납부지연가산세를 내야 한다. 또한 취득일로부터 2년 내에 자진 신고를 하지 않고 매각한 경우에는 80%의 가산세를 내게 된다.

한편 개인이 주택이나 차량 등을 취득하고 취득일부터 30일 이내에 등기·등록을 하는 경우에는 납부할 취득세액의 일부를 취득일부터 60일 이내에 분할하여 납부할 수 있다.

부동산을 살 때의 4가지 절세 노하우

1. 취득세는 취득일로부터 60일 이내에 신고·납부해야 하므로 이 기간을 넘기지 않도록 하자

취득세를 기한 내에 신고하지 않으면 20%의 가산세를 더 내야 하는데, 이때 취득자산의 종류별로 취득시기를 언제로 보는지가 중요하다. 일반적인 경우에는 계약서상의 잔금지급일을 취득의 시기로 보는데, 계약서상에 잔금지급일이 명시되어 있지 않은 경우에는 계약일로부터 60일이 되는 날을 취득일로 보므로 주의해야 한다.

2. 취득세는 신고납부방식이므로 취득가액의 신고가 중요하다

취득세는 납세자가 취득가액으로 신고한 금액이 과세표준이므로 이를 제대로 신고하는 것이 중요하다. 부동산을 매매하면 계약일로부터 60일 이내(주택거래신고지역의 주택 매매시에는 계약일로부터 15일 이내)에 관할 구청에 실제거래가격을 신고해야 하는데, 이것이 취득세 과세기준이 된다. 취득세의 과세표준은 취득 당시의 실거래가액이므로 이를 부당하게 낮게 신고하는 것은 유의해야 한다. 만약 취득가액을 부당하게 낮춰서 신고하는 경우에는 무거운 과태료가 부과될 수 있으니 주의해야 한다.

3. 취득세가 중과세되는 부동산인지를 사전에 잘 알아보아야 낭패를 보지 않는다

고급주택이나 빌라, 또는 주거용이 아닌 별장 등은 취득세가 3배 (12%)로 중과되므로 이를 사전에 계산해 본 후에 취득하도록 한다. 예를 들어 취득가액이 5억원인 별장이라면 취득세만 해도 무려 6,000만원에 이르게 된다. 아울러 주택에 투자할 때는 조정지역의 2주택 이상, 비조정지역의 3주택 이상 다주택 취득시 취득세율이 매우 높다는 점을 감안해야 한다. 또한 조정지역 내의 다주택을 자녀 등에게 증여할 때도 취득세가 무려 12%에 이르므로 증여실행 전에 이를 잘 따져봐야 한다. 그러나 비록 취득세가 높다 하더라도 증여세를 합한 총 세금이 양도소득세보다 낮다면 증여가 유리할 수도 있다.

4. 신고기한이 경과했더라도 취득세를 부과고지 받기 전에 신고하면 가산세가 줄어든다

취득세의 신고기한(60일)이 지났더라도 취득세를 부과고지 받기 전에는 기한 후 신고를 할 수 있는데, 이때에는 신고불성실가산세가 20%에서 10%로 줄어든다.

02 부동산을 보유하면 매년 세금을 내야 한다

부동산을 살 때에는 취득세를 냈지만 이 부동산을 가지고 있는 동안에는 매년 정기적으로 재산세를 내야 한다. 뿐만 아니라, 부동산의 종류별로 보유 부동산의 가액이 일정기준금액을 초과하는 경우에는 종합부동산세를 별도로 내야 한다.

1. 재산세

(1) 재산세는 누가, 언제 내는가?

재산세의 납세의무자는 매년 6월 1일 현재 재산세 과세대장에 토지·건축물·주택의 소유자로 등재되어 있는 자이며, 이외에 선박·항공기의 소유자도 재산세를 내게 된다. 재산세의 납기는 재산의 종류마다 다른데, 건축물은 7월 16일~31일까지, 토지는 9월 16일~30일까지, 그리고 주택에 대한 재산세는 7월 16일~31일까지 1/2을 내고 나머지는 9월 16일~30일까지 내게 된다.

(2) 재산세의 과세표준과 세율은?

지방세법상의 시가표준액(공시지가 또는 기준시가)에 대통령령이 정한 공정시장가액비율(주택은 60%(1세대 1주택은 45%), 토지·건축물은 70%)을 곱한 것이 과세표준이며, 이에 대해 일반주택은 0.1~0.4%(공시가격 9억원 이하의 1세대 1주택은 0.05~0.35%)까지 초과누진세율로 세액을 계산한다. 그러나 별장용 주택은 4%의 세율로 세액을 계산한다.

한편 토지에 대한 재산세는 그 과세대상인 토지를 종합합산과세대 상·별도합산과세대상·분리과세대상의 3종류로 나누어서 각각 별도의 세율을 적용하고 있다. 그리고 재산세 과세특례지역(도시지역 중 지방의회의 의결을 거쳐 고시한 지역)에 있는 일정한 부동산에는 재산세액에 재산세 과세표준의 0.14%를 곱한 금액이 합산되어 부과될 수 있으며, 지

주택에 대한 재산세율*

과세표준	세율
6,000만원 이하	0.1%
6,000만원 초과 1억 5,000만원 이하	60,000원 + 6,000만원 초과액의 0.15%
1억 5,000만원 초과 3억원 이하	195,000원 + 1억 5,000만원 초과액의 0.25%
3억원 초과	570,000원 + 3억원 초과액의 0.4%

* 공시가격이 9억원 이하인 1세대 1주택에 대해서는 별도의 낮은 세율이 적용됨

역자원시설세가 별도로 부과(최저 0.04%에서 최고 0.12%)된다. 그리고 재산세액에는 20%의 지방교육세가 부가된다.

토지에 대한 재산세의 세율은 다음과 같다.

① 종합합산 과세대상 토지 : 0.2%~0.5%(초과누진)

- 주거용 건물의 부속토지나 나대지

- 부재지주가 소유한 농지

- 법인이 소유한 농지

- 잡종지

② 별도합산 과세대상 토지 : 0.2%~0.4%(초과누진)

- 영업용 건축물의 부속토지

③ 분리 과세대상 토지

- 논, 밭, 과수원, 목장용지, 임야 : 0.07%

- 골프장 및 고급오락장용 토지 : 4%

- 위 이외의 토지 : 0.2%

2. 종합부동산세

종합부동산세는 개인이 가지고 있는 전국의 모든 부동산을 소유자별로 합산하여 소유하고 있는 부동산의 금액에 따라 누진세율로 과세하는 세금으로서 국세에 해당한다.

(1) 종합부동산세는 누가, 언제 내는가?

주택은 국내에 있는 재산세 과세대상인 주택의 공시가격을 합한 금액이 9억원(단독명의의 1세대 1주택은 12억원)을 초과하는 경우이며, 토지는 종합합산 대상토지(나대지, 부재지주소유농지 등)의 공시가격이 5억원을 초과하는 경우와 별도합산 대상토지(영업용 건물의 부속토지 등)의 공시가격이 80억원을 초과하는 자가 납세의무자이다.

종합부동산세는 개인별로 과세하는 것이므로 부부나 세대원인 가족이 각각 소유하고 있는 경우에는 이를 따로따로 계산한다. 한편 임대용 주택은 과세대상에서 제외된다.

종합부동산세도 재산세처럼 부과징수방식이므로 납세의무자는 주소지 관할 세무서의 납세고지에 따라 매년 12월 1일~15일까지 세액을 납부하면 된다(납세자가 원할 경우 신고납부방식도 가능하다).

(2) 종합부동산세의 과세표준과 세율은?

주택에 대한 종합부동산세의 과세표준은 납세의무자별로 주택의 공시가격을 합산한 금액(과세기준일(매월 6월 1일) 현재 단독명의의 1세대 1주택자는 3억원을 공제한 금액)에서 9억원을 공제한 금액에 공정시장가액비율(60%)을 곱한 금액으로 하고, 여기에 과세표준의 크기에 따라 0.5~2.7%의 세율을 적용하여 계산한다.

한편 주택분 과세표준에 대해 재산세로 이미 부과된 세액은 종합부동산세 산출세액에서 공제해 준다. 예를 들어 1세대 2주택 보유자인 김부자 씨가 소유한 주택의 공시가격이 모두 20억원이라면 재산세 과

과세표준	세율
3억원 이하	0.5%
3억원 초과 6억원 이하	150만원 + 3억원 초과액의 0.7%
6억원 초과 12억원 이하	360만원 + 6억원 초과액의 1.0%
12억원 초과 25억원 이하	960만원 + 12억원 초과액의 1.3%
25억원 초과 50억원 이하	2,650만원 + 25억원 초과액의 1.5%
50억원 초과 94억원 이하	6,400만원 + 50억원 초과액의 2.0%
94억원 초과	1억 5,200만원 + 94억원 초과액의 2.7%

※ 납세의무자가 3주택 이상을 소유한 경우에는 과세표준 12억원 초과구간에 대해서 중과세율이 적용됨.

세표준은 공시가격의 60%인 12억원이 되고, 이에 대해 417만원{57만원 + (12억원 - 3억원) × 0.4%}의 재산세가 부과된다. 그리고 김 씨는 12월에 종합부동산세를 납부해야 하는데, 이 경우 과세표준은 20억원에서 9억원을 뺀 11억원에 공정시장가액비율(60%)을 곱하면 6억 6,000만원이 된다.

과세표준 6억 6,000만원에 대해 위의 세율표를 적용하면 산출세액은 420만원이 되는데, 여기서 과세표준 금액 6억 6,000만원에 대한 재산세 1,584,000원(6억 6,000만원 × 60% × 0.4%)을 차감하면 2,616,000원이 종합부동산세산출세액이 된다. 한편 종합부동산세에는 20%의 농어촌특별세가 부가된다.

그리고 종합부동산세 과세대상 주택의 소유자가 1세대 1주택자로서

60세 이상이거나, 과세기준일 현재 5년 이상 보유한 경우에는 납부세액에서 이에 따른 추가공제(60세 이상 20%, 65세 이상 30%, 70세 이상 40% 및 보유기간 5년 이상 20%, 10년 이상 40%, 15년 이상 50%)를 각각(중복 가능) 받을 수 있는데 총 공제한도는 공제율 합계 80%까지이다.

부동산을 보유할 때의 6가지 절세 노하우

1. 과세기준일 전에 양도하거나 과세기준일이 지나고 나서 매수하는 것이 유리하다

재산세와 종합부동산세는 과세기준일인 6월 1일 현재의 소유자를 대상으로 세금을 부과하기 때문에 부동산을 매도하려면 5월 31일까지, 매수하려면 6월 1일 이후에 매매해야 보유세 부담을 피할 수 있다. 이때 매매기준일은 계약한 날이 아니라 잔금청산일 또는 소유권 이전등기 접수일 중 빠른 날을 의미하므로 매도의 경우 6월 1일 이전에 잔금을 치르거나 등기접수를 해야 한다. 만약 6월 1일에 잔금을 받는다면 불과 하루 차이로 양도자는 양도소득세와 종합부동산세를 다 물어야 하는 일이 벌어질 수도 있다. 또 6월 1일 이전에 신규 아파트 입주가 예정돼 있다면 잔금 지급시기를 6월 1일 이후로 늦추면 보유세 부담을 피할 수 있다. 다만, 입주를 지연하면 연체료를 내야 하므로 보유세 절감액과 연체료 중 어느 쪽이 더 유리한지 따져봐야 한다.

2. 종합부동산세는 개인별로 과세되므로 부부가 공유하는 것이 좋다

종합부동산세는 처음에는 세대별로 합산하여 과세됐으나 2008년 헌법재판소의 위헌판결에 따라 개인별로 과세하게 됐다. 그러므로 주택을 취득할 때 아예 배우자와 공동으로 등기를 하는 것이 좋다. 이런 경우에는 공동등기와 관련한 추가비용(취득세, 증여세 등) 부담이 전혀 생기지 않기 때문이다.

3. 기존주택의 지분변경을 할 경우에는 신중하게 고려해야 한다

이미 단독 명의로 되어 있는 12억원 이상인 1주택을 종부세 부담을 줄이기 위해 지분변경을 할 경우에는 관련 비용을 꼼꼼히 체크해봐야 한다. 현행 세법상 배우자에게는 6억원까지 증여세가 과세되지 않지만 지분변경에 따른 취득세 등 관련 세금이 만만치 않기 때문이다. 공시가격이 20억원일 경우 6억원 정도의 지분을 배우자에게 이전한다면 관련 세금은 모두 2,400만원(취득세 3.5%(2,100만원), 지방교육세 0.3%(180만원), 농특세 0.2%(120만원))에 이른다. 이에 반해 연간 종부세 감소액은 100만원 내외로서 그리 크지 않다.

4. 비사업용 토지를 사업용 토지로 전환하자

종합부동산세에서 종합합산 과세대상인 비사업용 토지의 과세기준금액은 개별공시가격 5억원이지만 별도합산 과세대상인 사업용 토지는 80억원으로서 과세기준금액이 매우 높다. 따라서 비사업용 토지를 상가나 사무실 신축 등을 통해 사업용으로 전환하면 종합부동산세 과세대상에서 제외될 가능성이 매우 높다.

5. 다주택자는 주택임대사업자로 등록한다

일정요건을 갖춘 장기임대주택은 종합부동산세 과세대상에서 제외된다. 여기서 일정요건이란 매입임대주택(주거용 오피스텔도 포함되며, 임대개시일 또는 합산배제신청을 한 과세기준일 현재 공시가격이 3억원(수도권은 6억원) 이하여야 한다) 1채 이상을 5년(2018.4.1. 이후 등록임대주택은 8년, 2020년 7월 이후 등록임대 주택은 10년이며 아파트는 대상에서 제외된다) 이상 임대하는 장기주택임대사업자로 등록해야 하는 것을 말한다.

다만, 임대료증액청구는 임대차계약의 체결 또는 임대료증액 후 1년 이후에 가능하며, 이 경우 임대료(임대보증금) 인상률은 5% 이하여야 한다. 또한 매입임대주택을 의무임대기간 이상 임대한 후 양도해야 종합부동산세를 면제받을 수 있으며, 의무임대기간 이내에 임대사업을 그만두거나 매각하면 그동안 감면받은 종합부동산세를 모두 추징한다. 한편, 1주택 이상 소유한 1세대 또는 법인이 새로이 조정대상지역 내의 주택을 취득하여 장기일반민간임대주택 등으로 등록한 경우는 합산 과세대상에서 제외되지 않는다.

6. 부부공동명의주택은 단독명의 1주택으로 신고할 수 있다

부부공동명의 주택은 원래 1세대 1주택에 따른 노령자공제나 5년 이상 장기보유에 따른 공제가 불가능하다. 그러나 부부 중 지분율이 큰 사람을 납세의무자로 신고(지분율이 같을 경우에는 한 사람을 선택하여 신고)하면 노령자공제와 장기보유에 따른 공제를 모두 받을 수 있다. 뿐만 아니라 기본공제금액도 단독명의로 간주하여 12억원을 공제받을 수 있다. 따라서 공동으로 부과 받을 경우와 단독명의로 신고할 경우 세금부담 차이를 따져보고 유리한 쪽으로 선택하면 된다.

03 부동산을 팔 때 세금을 안 내려면?

부동산을 팔아서 벌어들인 소득을 양도소득이라고 하며 이에 대해서는 양도소득세를 내야 한다. 양도소득이란 개인이 가지고 있던 부동산(토지·건물)이나 부동산을 취득할 수 있는 권리(아파트 당첨권·분양권) 등을 팔아 얻은 양도차익을 말한다. 여기서 양도란 반드시 일정한 대가를 받고 양도하는 경우를 말하는 것이므로, 아무런 대가를 받지 않고 부동산을 이전하는 경우에는 양도소득세 대신 공짜로 받은 사람에게 증여세가 과세된다. 그러나 이혼할 때 위자료의 명목으로 남편이 가지고 있던 부동산을 부인에게 명의이전해 주는 경우에는 부인이 증여세를 내는 것이 아니라 남편이 양도소득세를 내야 한다.

1. 양도소득세를 안내도 되는 경우(비과세)

양도물건으로부터 차익이 발생되었다 하더라도 다음과 같은 경우에는 양도소득세가 비과세되는 것이므로 양도소득세를 신고할 필요가 없다.

(1) 1세대 1주택의 양도

1세대가 하나의 주택만을 보유하고 있다가 양도한 경우에는 양도소득세를 과세하지 않는다. 여기서 1세대라 함은 배우자(법률상으로는 이혼했으나 생계를 같이하는 등 사실상 이혼한 것으로 보기 어려운 경우를 포함한다)를 포함하여 동일한 주소지에서 생계를 같이하는 가족 단위를 말하는 것인데, 연령이 30세 이상인 경우와 30세 미만이더라도 국민기초생활보장법에 따른 기준중위소득의 40% 이상의 소득이 있는 경우(단, 미성년자는 제외)에는 배우자가 없어도 세대를 분리하면 1세대로 간주된다.

예를 들어 29세인 회사를 다니는 미혼 여성이 주택을 소유하고 있고 그녀의 아버지 역시 주택을 소유하고 있을 경우 주민등록이 따로 되어 있다면 두 사람을 각각 별개의 세대로 보는 것이므로 이는 1세대 2주택이 아니라 각각 1세대 1주택에 해당하는 것이다. 이러한 1세대 1주택의 양도소득세 비과세는 다음의 4가지 요건이 모두 충족되어야 한다.

① 1세대 1주택이라 하더라도 반드시 2년 이상 주택을 보유(조정대상지역 내의 주택은 보유기간 중 2년 이상 거주해야 하며, 과거 다주택 보유기간에 상관없이 양도일 현재 1세대 1주택으로서 해당 주택의 실제보유기간과 거주기간이 2년 이상이면 된다)해야 한다. 그러므로 2년 이상 보유하지 않은 상태에서 양도할 경우에는 비과세를 적용받을 수 없다. 보유기간이란 취득 이후 양도일까지의 기간을 말하는데, 양도 또는

취득의 시기는 실제 잔금청산일과 소유권이전등기 접수일 중 빠른 날을 기준으로 한다. 2년 보유기간을 따질 때 특히 유의할 점은 중도에 소유자의 변동이 있었을 경우 전소유자의 보유기간과 현소유자의 보유기간을 합산하는지 아니면 따로 계산하는지이다. 증여와 재산분할로 취득한 주택은 두 기간을 합산하지만 상속에 의한 취득이나 증여 후 이혼한 경우 또는 이혼위자료로 소유권을 넘겨받은 경우에는 전 소유자의 보유기간을 합산하지 않는다. 따라서 이런 경우에는 현재의 소유자가 보유한 기간이 2년 이상이 돼야 비과세를 받을 수 있다.

② 주택에 딸려 있는 토지는 주택 바닥면적의 10배(도시지역 안에 있는 경우 수도권은 3배, 수도권 밖은 5배)까지만 비과세된다. 그러므로 전원주택처럼 대지면적이 지나치게 넓은 단독주택의 경우 기준면적을 초과하는 부분은 비과세가 적용되지 않는다.

③ 주거 목적의 주택에 대해서만 비과세가 적용되는 것이므로 별장, 콘도미니엄, 주거용이 아닌 오피스텔 등은 비과세가 적용되지 않는다. 단, 오피스텔의 경우 주거용으로 사용했음을 입증하면 이를 주택으로 인정받아 보유기간(2년 이상) 요건을 갖춘 경우 비과세를 받을 수 있다. 한편 재개발조합 또는 재건축조합의 조합원(관리처분계획의 인가일 또는 사업계획의 승인일 현재 기존주택을 소유하는 자에 한한다)이 해당 조합을 통해 취득한 입주자 지위를 양도하는 경우에는 비록 주택의 양도는 아니지만 양도일 현재 다른 주택이 없는 경우에는 이를 1세대 1주택으로 보게 되므로 보유기간이 2

년 이상일 경우 양도소득세가 비과세된다.

④ 1주택이 세법상의 고가주택에 해당되지 않아야 한다. 여기서 고가주택이라 함은 양도가액이 12억원을 초과하는 경우를 말한다. 따라서 아무리 1세대 1주택이라 하더라도 고가주택에 해당하는 경우에는 비과세를 적용받지 못한다. 단, 고가주택이라 하더라도 양도차익 전액에 대해서 양도소득세가 과세되는 것이 아니라 양도가액이 12억원을 넘었을 경우 그 초과분에 대해서만 과세된다. 따라서 양도가액이 12억원을 초과하지 않는다면 양도소득세는 없는 셈이다.

예를 들어 취득가액이 5억 6,000만원인 아파트를 20억원에 양도했다면 양도차익은 14억 4,000만원이 아니라 양도차익 14억 4,000만원에다 12억원을 초과하는 양도가액의 비율인 8/20(40%)을 곱한 5억 7,600만원이 된다. 고가주택은 양도소득세의 비과세가 배제되는 대신 1세대 1주택일 경우 10년 이상 장기보유 및 거주시에는 양도차익의 80%를 장기보유특별공제 명목으로 공제받을 수 있다.

(2) 일시적인 1세대 2주택

1세대가 2주택 이상을 보유한 경우에는 원칙적으로 양도소득세가 과세된다. 하지만 다음과 같은 경우에는 2주택의 보유가 일시적으로 발생된 것일 뿐, 부동산투기 등의 의도가 전혀 없는 것이므로 양도소득세를 과세하지 않는다. 단, 양도한 주택에 대해서는 비과세요건인 보유기간(2년 이상) 요건이 충족돼야 한다.

① 이사를 가기 위해 일시적으로 2주택 상태가 된 경우

　부동산 경기가 침체기인 경우에는 부동산을 팔려고 해도 제때에 팔리지 않는 경우가 많다. 이처럼 이사를 가기 전에 살던 집이 팔리지 않아 2주택이 된 경우에는 새 집을 산 날(종전 주택 취득 후 1년이 지난 후 취득해야 함)로부터 3년 이내에만 팔면 양도소득세를 내지 않아도 된다.

② 혼인에 의해 2주택 상태가 된 경우

　혼인에 의해 2주택이 되는 경우에는 5년 내에 2채 중 1채를 처분하면 양도소득세가 비과세된다.

③ 부모님과의 합가에 의해 2주택 상태가 된 경우

　부모(부모의 나이가 60세 이상이거나 암, 희귀성질환 등 중대한 질병 등이 발생한 60세 미만의 부모와 합가하기 위한 경우에만 해당되며, 배우자의 부모도 포함된다)를 모시기 위해 세대를 합치는 경우에도 10년 내에 2채의 주택 중 1채를 처분하면 양도소득세가 비과세된다.

(3) 상속으로 인한 1세대 2주택

　1세대 1주택의 소유자가 부모님의 사망으로 인해 주택을 상속받아 2주택(공동상속인 경우에는 상속지분이 가장 큰 사람의 주택으로 본다)이 된 경우, 상속받은 주택을 양도하면 양도소득세가 과세(이 경우 취득가액은 상속개시 당시의 가액으로 한다)되지만 종전에 살던 주택을 양도하면 보유기간이 2년 이상인 경우에 한해 비과세된다(단, 상속개시일부터 소급하여 2년

이내에 피상속인으로부터 증여받은 주택은 비과세가 안 된다).

한편 1주택자가 동거봉양을 위해 1주택자인 부모님과 세대합가를 한 후 상속이 개시되어 동일세대원인 부모님의 주택을 상속받은 경우에도 종전에 자녀가 보유하던 주택은 1세대 1주택으로서 양도소득세가 비과세된다. 그러나 세대를 합친 후에 부모나 자녀가 주택을 취득하여 2주택이 된 상태에서 상속이 개시된 경우에는 자녀가 보유한 주택은 양도소득세가 비과세되지 않는다.

2. 겸용주택(상가주택)의 양도소득세

겸용주택이란 한 건물 안에 주택과 상가가 같이 설치되어 있는 주상복합건물을 말한다. 본래 양도소득세의 비과세란 1세대가 하나의 주택만을 가지고 있는 경우에만 해당되는 것이기 때문에 상가건물의 양도소득에 대해서는 비과세가 없다. 그러므로 소득자가 겸용주택 한 채만 가지고 있다면 겸용주택 중 주택건물 부분은 비과세되나, 상가건물에 대해서는 양도소득세를 내는 것이 원칙이다. 그리고 겸용주택에 딸린 부속토지는 면적 비례로 계산하여 이것 역시 주택부속토지는 비과세되지만 상가부속토지는 양도소득세를 내야 한다. 단, 주택의 면적이 상가건물의 면적보다 크다면 이때에는 전체를 주택으로 간주하므로 전체에 대해서 양도소득세가 비과세된다(단, 실거래가 12억원을 초과하는 고가의 겸용주택은 면적과 상관없이 주택부분만 주택으로 본다).

예를 들어 주택의 면적이 80평이고 상가건물의 면적이 50평인 상가

주택 건물(12억원 미만으로 가정) 한 채만을 가진 사람은 양도소득세와 전혀 관계가 없다. 그러나 주택의 면적이 50평이고 상가건물의 면적이 200평, 건물에 부속된 토지가 500평인 상가주택(도시지역 밖이라고 가정하자)의 소유자인 경우에는 상가건물 및 그 부속토지 400평(500평× 200/250)에 대해서 양도소득세를 내야 한다.

3. 증여 후 양도한 자산에 대한 이월과세

양도소득세를 적게 내기 위해 배우자나 직계존비속에게 부동산이나 부동산을 취득할 수 있는 권리를 증여한 후 수증자가 이를 10년 이내에 제3자에 양도(양도 당시 배우자와 이혼한 경우도 포함된다)하는 경우에는 양도소득 계산시 취득가액을 증여 당시의 가액이 아니라 당초 소유자(증여자)의 취득가액으로 한다. 이 경우 당초 증여받은 자산에 대한 증여세납부액은 양도차익 계산시 필요경비에 산입한다. (이를 이월과세라고 하며 이월과세를 적용한 양도소득세가 적용하지 않은 양도소득세보다 적은 경우에는 이월과세를 적용하지 않는다.)

또한 특수관계자(이월과세가 적용되는 배우자나 직계존비속은 제외)에게 증여했다가 10년이 지나기 전에 양도한 경우 수증자의 증여세와 양도소득세를 합한 금액이 증여자가 직접 양도한 것으로 보아 계산한 양도소득세보다 적을 경우에는 증여자가 직접 양도한 것으로 보아 양도소득세를 부과하고 수증자에게는 증여세를 부과하지 않는다(이를 양도소득의 부당행위계산이라고 하는데, 양도소득이 해당 수증자에게 실질적으로 귀속된 경우에는 적용하지 않는다).

따라서 배우자나 직계존비속 간에 증여한 재산이 주택인 경우 수증자가 이를 증여받은 후 1세대 1주택으로서 2년 보유기간을 채우고 양도한다면 양도소득세가 비과세됨으로써 이월과세가 적용될 여지가 없다. 하지만 해당 양도소득이 수증자에게 실질적으로 귀속되지 않은 경우에는 특수관계자간의 부당행위로 간주될 수 있으므로 주의해야 한다.

4. 부담부증여재산에 대한 양도소득세 과세

수증자가 증여자의 채무(해당 부동산에 담보된 채무)를 인수하는 조건인 부담부증여의 경우에는 증여재산 총액에서 채무를 공제한 금액을 증여재산으로 한다. 단, 부담부증여에 있어 인수된 채무가액은 유상이전으로 간주되므로 양도소득세가 과세된다. 예를 들어 아버지가 소득이 있는 성년자녀에게 10년 전에 취득했던 시가 5억원짜리의 부동산(상가)을 증여하면서 해당 부동산에 담보된 은행차입금(또는 전세보증금) 3억원을 자녀에게 승계했다면 2억원에 대해서는 증여세가, 3억원에 대해서는 양도소득세가 과세된다.

증여재산금액이 5억원을 넘어가면 증여재산가액에 대해 30%의 증여세율이 적용되어 세금부담이 만만치 않다. 이런 경우 부담부증여를 활용하면 일반적으로는 증여세가 줄어든다. 왜냐하면 수증자가 인수한 채무에 대해서는 증여로 보지 않기 때문이다. 사례의 경우 5억원에 대한 증여세는 성년자녀에 대한 증여재산공제액 5,000만원을 차감해도 7,760만원에 이른다. 그러나 3억원의 채무를 끼워 부담부로 증여하면 증여재산은 2억원이 되므로 증여세가 1,940만원으로 줄어든다. 다만, 채무부분에 대해서는 양도소득세를 내야 하는데 10년 전 취득원가가 4억원이었다면 양도차익은 3억원에서 2억 4,000만원(4억원×3억원/5억원)을 뺀 6,000만원이 된다. 여기서 장기보유특별공제(양도차익의 20% : 1,200만원)와 기본공제(250만원)를 차감하면 과세표준이 4,550만원이므로 양도소득세는 612만원(지방소득세 포함)으로서 증여세와 합쳐도 2,552만원에 불과하다. 무려 5,208만원이나 절세된 셈이다. 이렇게 부담부증여는 양도차익이 적은 부동산일수록 절세효과가 크게 나타난다. 만약 이 부동산이 주택이라면 별도 세대주인 자녀가 증여받은 후 2년이 지난 후 양도하면 1세대 1주택으로서 비과세되므로 양도소득세는 아예 없다.

하지만 부담부증여로 인정받으려면 수증자인 자녀의 채무 및 이자 상환능력이 전제되어야 하므로 소득이 없거나 적은 자녀에게는 부담부증여가 불가능하다. 또한 부담부증여를 통해 세금을 적게 낸 후, 증여자인 부모가 채무를 대신 상환해주는지를 사후관리한다는 점도 잊어서는 안 된다.

04 양도소득세, 꼼꼼히 챙기면 줄일 수 있다

양도소득세도 다른 모든 세금과 마찬가지로 과세표준에다 양도소득
세율을 곱하여 계산하면 된다. 여기서 양도소득의 과세표준이란 양도
소득금액에서 양도소득 기본공제를 차감하여 계산한다. 그리고 양도
소득금액은 양도가액에서 필요경비를 차감한 양도차익에서 장기보유
특별공제를 차감하여 계산하므로 결국 양도소득세는 양도차익, 양도
소득금액, 양도소득 과세표준의 3단계 과정을 거쳐서 계산된다.

1단계	……	양도가액	−	필요경비	=	양도차익
2단계	……	양도차익	−	장기보유 특별공제	=	양도소득금액
3단계	……	양도소득금액	−	양도소득 기본공제	=	양도소득 과세표준

1. 양도가액과 필요경비

양도차익이란 양도가액에서 필요경비를 차감하여 계산하는데, 여기서 양도가액이란 부동산을 판 금액을, 그리고 필요경비란 과거에 부동산을 샀던 금액을 의미한다.

그런데 부동산을 사는 경우에는 취득대금 외에도 취득에 따른 여러 가지 부대비용이 발생하게 되는데, 예를 들면 취득세와 교육세 등 취득등기에 관련된 세금과 신규 분양아파트를 취득한 경우 새시 비용이나 발코니 확장비용 등(이를 자본적 지출이라고 한다)이 그것이다. 이 외에도 주택 취득시 구입한 국민주택채권의 매각차손(금융회사에 양도한 것에 한한다)과 양도비용(중개수수료 및 양도세 신고를 위한 세무대리비용 등)도 필요경비로 공제되는데, 이들을 필요경비로 인정받기 위해서는 관련된 법정증빙이나 계좌이체 등 금융거래증빙을 잘 보관하고 있어야만 한다.

부동산 거래에는 매매계약서라는 것이 만들어지는데다 실거래가를 신고하게 되어 있으므로 신고된 매매계약서상의 실제 매매대금에 의해 양도가액과 필요경비를 계산하는 것이 원칙이다. 다만, 취득시의 취득가액을 확인할 수 없는 경우에는 다음의 방법을 순차적으로 적용하여 취득시의 실거래가액을 계산한다.

먼저 취득일 전후 3개월 이내에 해당 자산과 동일한 혹은 유사성이 있는 자산의 매매사례가 있을 경우에는 그 매매사례가액을 적용하고, 매매사례가액이 없을 경우에는 감정평가법인이 감정한 감정가액을 적용한다. 그리고 매매사례가액과 감정가액을 모두 적용하기 어려운 경우에는 환산가액을 적용하는데, 이는 취득시와 양도시의 기준시가금액 비율로 양도시의 실거래가액을 취득시의 취득가액으로 환산하는 것이다. 예를 들어 취득시의 기준시가가 2억원이고 양도시의 기준시가가 3억원인 부동산을 6억원에 양도했다면, 보유기간 동안 기준시가가 50% 상승했으므로 이에 비례해서 실거래가도 50% 상승했다고 보고 취득가액을 4억원으로 환산하여 양도차익을 2억원으로 계산하는 것이다. 한편 상속·증여로 취득한 부동산도 양도가액은 실제거래가액으로 계산하되, 상속·증여 당시 신고를 하지 않아 취득가액이 불분명한 경우에는 상속·증여 당시의 기준시가를 취득가액으로 보아 양도차익을 계산한다. 여기서 기준시가란 양도소득세나 상속세, 증여세 등을 계산하기 위해 국가에서 미리 정해 놓은 부동산의 가격을 말한다.

양도소득세의 과세대상인 부동산이란 토지·건물을 일컫는 말인데, 토지에 대해 적용되는 기준시가가 개별공시지가이다. 개별공시지가란 국토교통부 주관하에 감정평가사들이 매년 표준지에 대한 공시지가를 산정하면 이를 토대로 시·군·구에서 개별 필지에 대해 땅 값을 매긴 것이다. 그리고 일반 건물의 경우에는 국세청에서 실제의 시세와 구조, 용도 및 신축년도 등을 참작하여 매년 1회 고시한 기준시가를 쓰게 되며 주택은 국토교통부에서 고시한 개별주택가격 및 공동주택의 공시가격을 쓰게 되는데, 아파트와 같은 공동주택은 보통 시세의 70~80%로 결정된다.

한편 양도차익의 계산시 취득가액을 실제거래가액으로 계산하는 경우에는 취득가액 및 취득세 등 취득 부대비용과 양도비용(중개수수료 등)을 모두 필요경비로 공제받을 수 있으나 매매사례(감정, 환산)가액이나 기준시가로 계산할 경우에는 해당 부동산의 취득가액만을 필요경비로 공제받게 되므로 과세의 형평상 불합리한 모순이 생기게 된다.

따라서 이런 경우에는 취득 부대비용에 해당하는 일정금액을 추가로 공제해 주게 되는데, 이를 필요경비의 개산공제라고 한다. 개산공제금액은 취득 당시 기준시가(토지는 공시지가)의 3%인데, 이는 유상으로 주택을 취득하고 등기를 했다면 의무적으로 취득세와 지방교육세 등 취득 관련 세금으로 1.1~3.3%(국민주택규모 이하)에서 1.3~3.5%(국민주택규모 초과)가 지출되므로 개략적으로 기준시가의 3%를 공제해 주는 제도이다. 그러므로 필요경비의 개산공제는 등기되지 않은 부동산의 경우에는 공제받을 수 없다.

2. 장기보유특별공제

장기보유특별공제는 부동산의 단기 전매에 따른 가격 상승을 막고

 장기보유특별공제

보유기간	공제율		
	일반 부동산*	1세대 1주택***	
		보유기간별 공제율	거주기간별 공제율
2년 이상	–	–	8%****
3년 이상	6%	12%	12%
4년 이상	8%	16%	16%
5년 이상	10%	20%	20%
6년 이상	12%(14%)**	24%	24%
7년 이상	14%(18%)	28%	28%
8년 이상	16%(22%)	32%	32%
9년 이상	18%(26%)	36%	36%
10년 이상	20%(30%)	40%	40%
11년 이상	22%(32%)		
12년 이상	24%(34%)		
13년 이상	26%(36%)		
14년 이상	28%(38%)		
15년 이상	30%(40%)		

* 1세대 1주택 이외의 건축물과 토지 등에 적용됨
** ( )는 임대사업자등록을 한 임대사업자가 6년 이상 장기임대한 매입임대주택 및 건설임대주택(기준
시가 6억원(지방은 3억원) 이하)을 양도할 경우 적용되는 공제율임
*** 고가의 1세대 1주택은 2년 이상 보유와 거주기간 요건을 충족해야 장기보유특별공제를 받을 수 있음
**** 보유기간 3년 이상에 한함

장기간의 보유에 따른 전반적인 물가상승분은 양도자만의 실질소득으로 볼 수 없기 때문에 장기간(3년 이상) 보유하고 거주(주택의 경우임)한 부동산(토지와 건물)에 대해서 보유기간별로 양도차익의 일정비율을 공제해 주는 것이다.

1세대 1주택이 아닌 자산의 경우는 장기보유특별공제가 최대 30%로 제한되지만 1세대 1주택은 보유기간 및 거주기간 1년마다 각각 4%씩 늘어나 장기보유특별공제율이 최대 80%(10년 이상 보유와 거주시)까지 적용된다. 즉, 보유기간과 거주기간 각각 1년마다 4%씩 공제되는데, 보유기간에 따른 최대공제율 40%와 거주기간에 따른 최대공제율 40%를 각각 계산해서 더하면 된다. 예를 들어, 6년 보유하고 6년 거주했다면 24%+24%=48%를 양도차익에서 공제받으며, 8년 보유하고 3년 거주했다면 32%+12%=44%를 양도차익에서 공제받을 수 있다.

그러나 미등기자산 및 조정대상지역 내의 1세대 2주택 이상의 양도에 대해서는 장기보유특별공제를 해주지 않는다(비사업용 토지에 대해서는 장기보유특별공제를 적용하며, 보유기간은 당초의 취득일로부터 기산한다).

3. 양도소득 기본공제

양도차익에서 기본적으로 연 250만원의 금액을 공제하는 것이며, 역시 미등기자산은 제외된다.

05 양도소득세 신고·납부는 언제까지?

양도소득세는 종합소득세와 달리 예정신고를 반드시 해야만 한다(예정신고에 따른 세액공제혜택은 없다). 예정신고는 양도일이 속하는 달의 말일(주식 양도는 양도일이 속하는 반기 말일)부터 2개월 내에 해야 하며, 예정신고를 하지 않은 경우에는 20%의 무신고가산세를 내야 한다. 또한 나중에 양도소득세가 부과되어 고지될 때 연리 8.03%의 납부지연가산세를 별도로 내야 한다.

한편 양도물건이 한 해에 1건이고 이미 예정신고를 마친 경우라면 다음해 5월에 별도로 확정신고를 할 필요는 없다. 그러나 양도소득세율도 누진세율이기 때문에 한 해에 양도소득이 여러 건인 경우에는 각각의 건별로 계산된 양도소득세보다 이를 합산하여 계산된 양도소득세가 더 많기 때문에 다음해 5월에는 확정신고를 통해 추가로 세금을 내야 한다.

1. 양도소득세의 세율은?

양도소득세도 종합소득세와 마찬가지로 과세표준의 크기에 따라 최저 6%에서 최고 45%까지 누진적으로 과세한다. 단, 미등기 양도 부동산은 70%, 보유기간이 1년 미만인 것은 50%(주택, 분양권 및 조합원 입

양도소득세율표

등기 유무	보유 기간	세율	
		과세표준	세율
등기자산	2년 이상	1,400만원 이하	6%
		1,400만원 초과 5,000만원 이하	84만원＋1,400만원 초과액의 15%
		5,000만원 초과 8,800만원 이하	624만원＋5,000만원 초과액의 24%
		8,800만원 초과 1억 5,000만원 이하	1,536만원＋8,800만원 초과액의 35%
		1억 5,000만원 초과 3억원 이하	3,706만원＋1억 5,000만원 초과액의 38%
		3억원 초과 5억원 이하	9,406만원 ＋ 3억원 초과액의 40%
		5억원 초과 10억원 이하	1억 7,406만원 ＋ 5억원 초과액의 42%
		10억원 초과	3억 8,406만원＋10억원 초과액의 45%
	1년~2년 미만	40%(주택, 분양권 및 조합원 입주권은 6~45%)	
	1년 미만	50%(주택, 분양권 및 조합원 입주권은 45%)	
미등기자산		70%	

※ 일반지역의 비사업용 토지에 대해서는 기본세율에 10% 포인트를 가산하고, 조정대상지역의 1세대 2주택 이상에 대해서는 기본세율에 20% 포인트를 가산하며, 3주택 이상자는 30% 포인트가 가산됨(이 경우 주택수의 산정에는 분양권 및 조합원입주권도 포함되는데, 2주택 이상 다주택자에 대한 양도소득세 중과세는 2024년 5월 9일까지 유예되었다).

주권은 45%), 1년 이상 2년 미만인 것은 40%(주택, 분양권 및 조합원 입주권은 6~45%)의 단일세율을 적용한다. 결국 등기가 되어 있고 보유기간이 2년(주택은 1년) 이상인 자산에 대해서만 누진세율을 적용하고 그렇지 않은 것은 단일세율을 적용하는 것이다.

한편 부동산 외에 비상장주식을 매각하는 경우에도 양도차익에 대해 20%(과세표준 3억원 초과분은 25%)(대주주가 아닌 경우(지분율이 4% 미만) 중소기업은 10%, 그 외의 기업은 20%)의 양도소득세가 과세된다.

또한, 상장주식 양도 시에도 대주주(직전년도 말 현재 본인이 보유한 동일 종목의 합산 시가 총액이 10억원 이상인 경우를 말함)인 경우에는 양도소득세(20%~25%)가 과세된다.

2. 양도시기와 취득시기의 판정은?

양도의 시기와 취득의 시기를 언제로 보느냐 하는 것은 직접적으로 보유기간을 결정하는 것이 되기 때문에 매우 중요한데, 원칙적으로는 대금이 청산된 날을 양도(취득)의 시점으로 본다. 단, 대금청산일이 불분명한 경우에는 등기접수일을 양도(취득)일로 본다. 그리고 대금청산이 이루어지기 전에 소유권 이전등기를 했다면 이때에는 잔금 청산과 관계없이 이전등기 접수일을 양도(취득)일로 보게 된다.

한편 아파트를 분양받은 경우 일반적으로 준공검사 전에 입주하는 경우가 있는데 이때에는 실제 입주일이 취득일이 된다. 예를 들어 어떤 사람이 서울의 아파트를 2021년 4월 25일에 입주하고 소유권 등기가 6월에 이루어진 경우, 2023년 4월 25일 이후에 양도하면 2년 보유와 거주 요건을 갖추게 되므로 양도소득세는 비과세된다.

06 양도소득세 계산 따라하기

양도소득세를 계산하고 신고서를 작성하기 위해서는 일단 양도물건에 대해서 다음의 자료들이 먼저 준비되어 있어야만 한다. 이것들은 또한 양도소득세를 신고할 때 세무서에 제출되어야 하는 서류이기도 하다.

① 매도 및 매입시 매매계약서 사본

② 양수자의 인감증명서(부동산 실거래가 신고에 의해 거래가액이 확인되는 경우에는 제출 생략)

③ 자본적지출액·양도비용 등의 명세서

(1) 1세대 2주택의 경우

신사고 씨는 현재 부천의 아파트에 거주하고 있는데, 투자목적으로 2017년도에 취득하여 소유(등기필)하고 있던 지방(조정대상지역은 아님)의 아파트를 2023년 8월 12일 3억원에 팔았다. 신사고 씨가 양도소득세를 예정신고한다면 얼마의 양도소득세를 내야 하는지 계산해 보기로 하자.

취득상황	양도상황
• 취득일자 : 2017년 3월 20일 • 취득가액 : 1억 3,000만원 • 취득시 부대비용 : 취득세 등 납부액 550만원 • 양도비용 : 중개수수료 150만원	• 양도일자 : 2023년 8월 12일 • 양도가액 : 3억원

① 양노차익

• 양도차익 = 양도가액 - 취득가액 등 필요경비

$300,000,000 - (130,000,000 + 7,000,000) = 163,000,000$원

② 양도소득 과세표준

• 과세표준 = 양도차익 - 장기보유특별공제 - 양도소득 기본공제

$163,000,000 - (163,000,000 \times 12\%) - 2,500,000 = 140,940,000$원

③ 산출세액 및 예정신고납부세액

$15,360,000 + (140,940,000 - 88,000,000) \times 35\% = 33,889,000$원

④ 총납부세액(지방소득세(소득세분) 포함)

$33,889,000 + 3,388,900 = 37,277,900$원

(2) 1세대 1주택(고가주택)의 경우

구사고 씨는 취득일 이후부터 현재까지 살고 있는 아파트를 팔았다. 구사고 씨가 양도소득세를 예정신고한다면 얼마의 양도소득세를 내야 하는지 계산해 보기로 하자.

취득상황	양도상황
• 취득일자 : 2012년 5월 5일 • 취득가액 : 12억 5,000만원 • 취득시 부대비용 : 취득세 등 납부액 650만원 • 양도비용 : 중개수수료 350만원	• 양도일자 : 2023년 9월 12일 • 양도가액 : 20억원

① 양도차익

• 양도차익 = 양도가액 − 취득가액 등 필요경비

$2,000,000,000 - (1,250,000,000 + 10,000,000) = 740,000,000원$

$740,000,000 \times (2,000,000,000 - 1,200,000,000) / 2,000,000,000$

$= 296,000,000원$

② 양도소득 과세표준

• 과세표준 = 양도차익 − 장기보유특별공제 − 양도소득 기본공제

$296,000,000 - (296,000,000 \times 80\%) - 2,500,000 = 56,700,000원$

③ 산출세액 및 예정신고납부세액

$6,240,000 + (56,700,000 - 50,000,000) \times 24\% = 7,848,000원$

④ 총납부세액(지방소득세(소득세분) 포함)

$7,848,000 + 784,800 = 8,632,800원$

부동산을 팔 때의 12가지 절세 노하우

1. 불가피한 사정이 있더라도 최소한 2년은 있다가 팔자

1세대 1주택으로 비과세를 받기 위해서는 2년 이상 보유해야 하며, 2년 이상 보유한 경우에는 양도소득의 크기에 따라 6~45%까지 초과누진세율을 적용하지만, 2년 미만 보유한 부동산(주택, 분양권 및 조합원 입주권은 1년)에 대해서는 단일세율을 적용하기 때문에 양도소득세가 많아진다.

2. 예정신고를 반드시 하도록 하자

양도소득 예정신고를 하지 않으면 나중에 20%의 무신고가산세를 내야 하므로 양도소득이 발생하면 양도일이 속하는 달의 말일부터 2개월 이내에 꼭 예정신고·납부하는 것이 유리하다. 또한 한 해에 누진세율적용대상인 자산에 대한 예정신고를 2회 이상 한 경우에는 예정신고를 했다 하더라도 다음해 5월에 다시 확정신고를 해서 정산해야 한다는 점도 잊지 말아야 한다.

3. 실제거래가액에 의한 양도차익 계산에 대비해서 취득시에 부수적으로 들어간 제반비용에 대한 증빙을 잘 챙겨 놓자

취득시 부대비용은 모두 필요경비로 공제받게 된다. 이에는 취득세 등 세금영수증과 새시 시공비에 대한 영수증, 그리고 각종 공사비 지출에 따른 영수증 등이 있다. 양도시의 중개수수료와 세무신고비용 등 양도비용도 공제되므로 영수증을 챙겨둬야 한다.

4. 장기보유특별공제를 최대한 받도록 하자

장기보유특별공제를 받기 위해서 최소한 3년은 보유하는 것이 좋으며, 보유기간 및 거주기간 1년 단위마다 공제율이 높아지므로 양도시기를 조정하는 등 보유기간과 거주기간을 최대한 늘려서 공제를 많이 받는 것이 유리하다. 그리고 1세대 1주택으로서 양도소득세를 내야 하는 고가주택은 10년 이상 보유하고 거주하면 공제율이 80%나 되므로 이를 잘 활용하면 세금부담이 크게 줄어들 수 있다. 또한 6년 이상 장기임대한 사업자가 양도한 부동산에 대해서는 장기보유특별공제율이 추가로 가산된다는 점도 알고 있어야 한다.

5. 양도소득세가 감면되는 경우를 잘 알아두자

보유하고 있던 토지가 공익사업의 시행자에게 양도되거나 수용되는 경우에는 양도소득세의 10%를 감면받을 수 있다. 더구나 양도대금을 채권으로 지급받는 경우에는 감면비율이 15%(채권을 만기까지 보유하는 특약을 체결하는 경우에는 30%(3년 이상 만기)~40%(5년 이상 만기))로 높아지게 된다(2023년 12월 31일까지 양도한 것에 한함). 단, 이와 같은 감면은 당연히 이루어지는 것이 아니고 반드시 납세자가 감면신청서류를 만들어 감면을 신청한 경우에만 가능하다. 그리고 감면받은 세액에 대해서는 따로 농어촌특별세가 부과된다는 사실도 알아두어야 한다.

6. 취득한 부동산은 반드시 등기를 하도록 하자

등기를 하지 않은 상태에서 양도를 하면 일단 2가지의 불이익을 받게 되기 때문이다. 첫째는 장기보유특별공제와 양도소득 기본공제를 받을 수 없게 되며, 둘째는 양도소득금액에 대해서 70%라는 매우 높은 세율을 적용받게 된다.

7. 점포주택을 짓는 경우에는 양도소득세를 고려하여 주택의 면적을 점포의 면적보다 크게 설계하자

양도 당시 실거래가가 12억원 미만인 점포주택의 경우 주택이 차지하는 면적이 상가의 면적보다 큰 경우에는 이를 전부 주택으로 간주하므로 1세대 1주택인 경우에는 고가주택이 아닌 한 2년 이상만 보유하면 양도소득세를 전혀 내지 않아도 된다. 그러나 실거래가가 12억원을 초과하는 고가의 겸용주택이거나 전체 면적 중 상가 부분의 면적이 더 클 경우에는 상가건물에 대한 양도소득세를 낼 뿐만 아니라 토지도 그 면적에 비례하여 상가 부속토지에 대해서는 양도소득세를 내야 하므로 불리하다. 더구나 주택의 임대수입에 대해서는 부가가치세를 내지 않아도 되지만 상가건물에 대한 임대수입에는 부가가치세가 과세되므로 여러 가지 면에서 불리하다.

8. 고가주택이라도 1세대 1주택에 대한 양도소득세 실효세율은 매우 낮다

1세대 1주택이라도 고가주택은 양도소득세가 비과세되지 않는다. 그러나 양도가액이 12억원을 초과하는 부분에 대해서만 과세되고, 10

년 이상 보유와 거주시에는 장기보유특별공제율이 80%나 되기 때문에 실질적으로 양도소득세가 매우 적다. 예를 들어 현재 보유중인 주택 외에 투자 목적으로 아파트(조정대상지역은 아님)를 5억원에 사서 10년 후에 8억원에 판다면 양도차익에 대해 약 7,000만원을 세금으로 내야 하지만, 지금 살고 있는 집을 판 다음, 5억원을 보태 10억원의 주택을 사서 10년간 거주한 후 15억원에 판다고 가정하면, 양도차익은 1억원(5억원×(15억－12억)/15억)이지만 장기보유특별공제 80%를 차감하면 2,000만원으로 줄어들고, 이에 대한 양도소득세는 고작 136만원으로서 투자수익 10억원의 0.13%에 불과하기 때문이다.

9. 양도시기를 잘 조절하자

양도차익을 계산할 때 취득가액을 확인할 수 없는 경우에는 환산가액을 적용(취득 당시의 기준시가와 양도일 현재의 기준시가 비례로 취득가액을 환산하는 것)하여 양도차익을 계산할 수 있다. 이 경우 양도일 현재 기준시가가 낮을수록 취득시 환산가액이 커져서 양도차익이 줄어들게 되므로 공시가격이 인상조정되기 전에(또는 인하조정된 후에) 양도하는 것이 양도차익을 줄이는 방법이다.

10. 상속(증여)부동산은 신고가액을 높게 해야 양도소득세가 줄어든다

상속(증여)받은 부동산을 양도하는 경우 취득가액은 상속(증여) 당시의 금액을 의미하므로 상속재산이 10억원 이내이거나 증여 당시 증여세공제액 범위 이내라면 신고가액을 높여서 신고하는 것이 나중에 양도차익을 줄이는 방법이 된다.

11. 다주택자로서 거주 중인 주택을 팔아야 할 경우에는 임대사업자등록을 해서 1세대 1주택 비과세를 받자

1세대 2주택 이상 다주택보유자의 경우 임대사업자등록을 하고 거주용주택을 제외한 나머지 주택을 임대하면 양도소득세 비과세요건 판정시 임대주택은 없는 것으로 보므로 2년 이상 거주한 주택을 양도하면 1세대 1주택으로서 양도소득세가 비과세된다. 이 경우 임대주택은 공시가격 6억원(지방은 3억원) 이하여야 하며, 5년 이상 임대해야 한다. 그러나 나중에 임대주택을 양도하는 경우에는 기존 거주용 주택의 양도일 이후(즉, 1주택 보유기간)의 양도차익만 비과세될 뿐 그 이전의 양도차익에 대해서는 양도소득세를 내야 한다는 점도 고려해서 신중하게 결정해야 한다.

12. 2주택자는 양도차익이 적은 주택부터 처분하자

시골의 조그만 농가주택을 포함해서 2채의 집을 가진 사람이 살고 있던 아파트를 팔 경우 1세대 1주택 비과세에 해당하지 않기 때문에 적지 않은 양도소득세를 낼 수도 있다. 이런 경우에는 양도차익이 적은 시골 주택을 먼저 처분한 후에 아파트를 팔아야 비과세를 받을 수 있다.

Q 보유기간이 2년이 안 되는 주택에서 살고 있는데, 해외로 이민을 가게 되어 주택을 팔게 되었다. 이 경우에도 양도소득세를 내야 하나?

A 국내에 1채의 주택만을 가지고 있는 사람이 해외이민으로 인해 세대 전원이 출국함에 따라 부득이하게 1주택을 양도하는 경우에는 보유기간에 관계없이 양도소득세가 비과세된다. 단, 국외 이주로 출국한 후 2년 이내에 양도해야 비과세된다.

Q 소유하고 있던 집이 재개발지역으로 지정, 고시되어 다른 주택을 취득하여 이주한 뒤, 재개발주택이 완공되어 2년 보유기간을 채우지 못하고 돌아오는 경우에 양도소득세의 과세 여부는?

A 이런 경우에는 부득이한 사유에 의한 것으로 보기 때문에 보유기간에 관계없이 양도소득세를 과세하지 않는다. 단, 다른 주택을 취득하여 1년 이상 거주했어야 하며, 재개발주택의 사용검사일 (또는 사용승인일)로부터 1년 이내에 양도해야 비과세된다.

Q 토지를 양도한 후 매매대금을 전액 지급받고 소유권 이전등기를 마친 상태에서 상대방의 불가피한 사정으로 매매계약을 취소한 뒤 당초의 소유자 명의로 환원등기를 한 경우에도 양도소득세가 과세되는 것인지?

A 계약이 합법적으로 진행된 것이므로 비록 소유권이 당초의 소유

자에게 환원되었다 하더라도 최초의 거래를 양도로 보아 양도소득세를 과세한다. 그러나 매매원인 무효판결이나 사실상 유상으로 이전되지 않은 상태에서 당사자간의 합의에 의해 당초의 소유자에게 환원되는 경우에는 양도소득세를 내지 않아도 된다.

Q 신축아파트를 분양받았는데 잔금 지불일까지 준공검사가 나지 않아서 잔금을 지불한 후 준공검사를 마친 다음에 입주했다면 취득시기는 언제가 되는지?

A 양도소득세법상 취득과 양도의 시기는 원칙적으로 잔금청산일인데, 잔금청산일까지도 아파트가 완공되지 않은 경우에는 준공검사필증 교부일을 취득일로 보는 것이다. 단, 준공일 이전에 미리 입주한 때에는 입주일이 취득일이 된다.

Q 아파트를 분양받아 중도금을 납입하던 중에 사정에 의해 전매처분했다. 이 경우에 중도금을 제 날짜에 납입하지 못해 추가로 부담한 연체이자를 양도차익 계산시 필요경비로 공제받을 수 있는지?

A 부동산을 취득할 경우에 할부금 또는 중도금을 지정된 일시에 납부하지 못해 추가로 부담하는 연체료는 필요경비로 공제받을 수 없다.

Q 사망한 부친으로부터 대지를 상속받아 보유해 오던 중 이를 매각하고자 하는데, 장기보유특별공제를 적용받기 위한 보유기간을 계산할 때

피상속인(부친)의 당초 취득일부터 기산하는 것인지, 아니면 상속개시일로부터 기산하는 것인지?

A 상속(증여)재산의 장기보유특별공제율 적용을 위한 보유기간은 상속개시일(증여등기접수일)로부터 양도일까지로 계산한다.

Q 1세대 1주택인 건물을 멸실한 후 나대지 상태에서 양도했다면 양도소득세가 과세되는지?

A 토지만을 양도한 경우에는 1세대 1주택의 부속토지로 보지 않기 때문에 양도소득세가 과세된다.

Q 2년 이상 보유한 1주택을 헐고 점포주택을 새로 지어 양도한 경우에 양도소득세는?

A 구주택을 헐고 새로 집을 짓는 경우 보유기간은 재건축 전의 기간과 재건축 후의 기간을 모두 합산하는 것이나 겸용주택을 지어서 양도한 경우에는 주택 이외의 건물부분과 그 부속토지에 대해서는 양도소득세를 내야 한다.

Q 현재 살고 있는 아파트가 재건축 대상으로 지정되어, 재건축기간 동안 새 아파트를 사서 살고 있다. 그런데 재건축이 완료됨과 동시에 새 아파트를 팔고자 하는데, 이 경우에 새 아파트의 보유기간이 2년이 안 되기 때문에 양도소득세를 내야 하는지?

A 재개발이나 재건축 지구의 주택의 경우 보유기간의 계산은 철거

되기 전 종전 주택의 소유기간과 철거 후 새 아파트를 짓기 위한 공사기간을 합쳐서 따지는 것이므로 일반적으로 공사기간이 2~3년인 재건축아파트 1채는 양도소득세의 과세대상이 아니다. 한편 재건축에 의해 오래된 아파트가 헐리고 재건축기간 동안 거주하기 위해 새로운 아파트를 구입했을 경우에는 새로 산 아파트를 재건축아파트가 완성되기 전 또는 완성된 후 2년 이내에 양도할 경우 양도소득세가 비과세된다. 단, 새로 산 아파트와 재건축아파트에서의 거주기간이 각각 1년 이상이어야 한다.

Q 갑은 1주택을 취득하여 1년 6개월간 보유하던 중, 부친의 사망으로 부친이 소유하던 주택을 상속받고 상속받은 주택에서 거주하려고 종전의 주택을 먼저 양도했다. 그러나 갑의 갑작스런 사업 실패로 상속받은 주택도 역시 1년만에 양도했는데 이에 대해 세무서에서는 이 두 개의 주택 모두에 대해 양도소득세를 부과했다. 이것이 과연 타당한 것인가?

A 세법상 1세대 1주택을 소유한 거주자가 상속에 의해 1세대 2주택이 된 경우, 상속받은 주택을 양도하면 양도소득세가 과세되나 종전의 주택을 양도하는 때에는 상속주택을 주택수에 포함하지 않으므로 1세대 1주택으로서 양도소득세 비과세요건(2년 이상 보유)에 해당하면 비과세된다. 따라서 갑은 보유기간 요건을 충족하지 못한 종전의 주택을 먼저 양도했으므로 종전 주택에 대해서는 양도소득세를 내야 하는 것이 당연하며 상속주택에 대해서도 보유기간이 2년이 되지 않았으므로 양도소득세를 내야 한다.

Q Y는 수원에서 작년에 아파트를 분양받아 금년 6월에 입주하여 살고 있다. 그런데 갑작스럽게 직장 근무처가 대전으로 발령이 나서 내년 3월부터 출퇴근을 해야 해서 아파트를 처분하려고 한다. 직장 이전으로 이사를 하게 되어 집을 매매하면 양도소득세가 비과세된다는데 사실인가? 만약 아파트를 세를 주고 대전에서 전세를 살면서 향후 매매를 하면 어떻게 되는가?

A 질병요양, 취학, 직장이전 등의 사유로 2년 이상 보유하지 못한 채 집을 팔고 세대원 전원이 다른 행정구역으로 이주하는 경우 양도시점으로부터 1년 전부터 종전주택에 반드시 거주하고 있어야만 비과세가 되도록 하고 있다. 따라서 거주기간이 1년이 안된 시점에서 집을 팔면 양도소득세가 과세된다. 하지만 대전에서 전세를 살다 보유기간이 2년이 넘어 처분을 하면 양도소득세가 비과세된다.

Q 저는 작년에 투자목적으로 보유하던 오피스텔 2건을 처분했는데 양도소득세가 생각보다 많이 나왔습니다. 세무서의 말로는 양도소득세가 건별로 계산되는 것이 아니고 합산하여 과세되기 때문이라는데, 사실인지요?

A 양도소득세도 종합소득세와 마찬가지로 1월 1일부터 12월 31일까지 발생된 것을 모두 합산하여 과세한다. 예를 들어 양도소득이 3,000만원인 부동산과 4,000만원인 부동산을 같은 해에 팔았다면 건별로는 각각 15%의 세율을 적용받지만 두 번째 양도자산의 양도소득세를 계산할 때는 앞의 양도소득을 합산하여 양도소

득을 7,000만원으로 보아 24%의 세율을 적용하여 계산하고 앞서 15%로 계산된 세금을 공제하게 된다. 그러므로 같은 해에 양도소득이 몰리면 과세표준이 높아지고 이에 따라 적용되는 세율도 높아지게 되므로 양도시기를 적절히 분산할 필요가 있다.

Q 2주택자로서 작년에 그 중 1채의 주택과 보유하고 있던 상가를 팔았다. 그런데 주택에서는 1억 5,000만원의 양도차손이, 상가 건물에서는 1억원의 양도차익이 발생했는데, 이런 경우에는 양도소득세를 어떻게 계산하는지?

A 같은 해에 양도한 자산의 양도소득은 자산 종류별로 통산해서 계산하는 것이 원칙이다. 여기서 자산의 종류란 부동산 및 부동산에 관한 권리와 주식을 말하는 것으로, 예를 들어 부동산과 비상장주식은 통산대상이 아니다. 상가와 주택은 부동산으로서 같은 자산에 속하므로 통산이 가능하다. 따라서 통산 결과 양도차손은 5,000만원으로서 양도소득세는 내지 않아도 되며, 통산 후 남은 차손금액 5,000만원이 다음해로 이월되지는 않는다. 그러나 비과세되는 양도자산은 통산이 불가능하다. 만약 위의 사례에서 1세대 1주택과 상가를 양도한 것이라면 1주택은 어차피 비과세되는 자산이므로 통산이 안 된다. 따라서 상가의 양도차익 1억원에 대해 세금을 내야 한다. 더불어 통산은 개인별로 하는 것이므로 배우자의 양도소득은 통산되지 않는다.

7장

상속을 받아도
세금 내고 나면 **없다**

01 상속세, 미리미리 대비하면 줄일 수 있다

1. 상속세의 성격

옛말에 호랑이는 죽어서 가죽을 남기고 사람은 죽어서 이름을 남긴다고 하여 사람이 한평생을 살아감에 있어 가장 큰 덕목으로 삼아야 할 것이 명예임을 일깨워 주었던 것 같은데, 요즈음 세상은 어찌된 영문인지 돈이 곧 인격이 되는 세상이 되어 사람이 죽어서 어느 정도의 재산을 남기고 가야 그 후손들에게도 존경받고 추앙받는 지경에 이르고 말았다. 심지어는 훌륭하신 조상이 물려준 그 충분한 재산을 가지고도 자손들이 서로 싸우는 경우가 있으니 돈이란 없으면 없어서 걱정, 많으면 많아서 걱정인 것인가 보다.

이와 같이 사람이 한평생을 마감하고 세상을 떠날 때 그가 남긴 재산을 유가족들이 물려받는 것을 상속이라고 하는데, 이럴 경우 재산을 상속받은 사람(상속인)에게 과세되는 세금이 상속세이다.

　물론 상속재산에 대해서는 돌아가신 분(피상속인)이 생전에 그 재산을 벌 때와 보유하는 동안 관련되는 세금을 빠짐없이 냈을 것이지만, 사망함으로써 상속인에게 재산이 이전되었다 하여 상속재산의 취득자에게 다시 세금을 물리는 것이다.

　상속세를 이런 시각으로 보면 배우자에게 돌아가는 상속재산에다가 세금을 물리는 것은 합당하지 않아 보일 수도 있다. 왜냐하면 피상속인의 재산은 피상속인 혼자만의 재산이라기보다는 배우자인 부인과의 공동재산이라고도 볼 수 있으므로(민법상으로도 이를 인정하여 재산분할청구권이라는 제도가 있다) 배우자에 대한 재산상속은 부의 실질적인 이전으로 볼 수 없기 때문이다. 따라서 우리나라 세법에서도 배우자몫의 상속재산에 대해서는 배우자상속공제를 통해 최대 30억원까지 공제받을 수 있도록 규정하고 있다.

2. 민법상 상속 관련 주요내용

상속과 관련해서 가장 중요한 문제는 누가 상속을 받을 것인지(상속권자)와 얼마나 상속받을 수 있는지(상속지분)이다. 이와 관련해서는 민법에 구체적으로 규정되어 있다.

(1) 상속권자

상속받을 수 있는 권리, 즉 상속권은 민법에 정해진 순서대로 결정된다. 먼저 상속 1순위자는 직계비속(자녀)이며 배우자가 있는 경우에는 직계비속과 배우자가 공동으로 1순위자가 된다.

만약 직계비속이 없다면 2순위자인 직계존속(부모)이 상속권을 갖는다. 그리고 이 경우에도 피상속인의 배우자가 있다면 배우자는 피상속인의 직계존속과 함께 공동으로 상속권을 갖는다. 만약 직계비속과 직계존속이 모두 없다면 이때에는 배우자가 전 재산을 상속받게 된다. 직계비속과 직계존속 및 배우자가 모두 없다면 3순위자인 형제자매에게 상속권이 주어진다.

(2) 상속지분

민법상 상속재산의 분배비율은 유언에 의한 지정상속을 우선으로 한다. 즉, 고인의 유언대로 재산이 나눠지는 것이다. 그러나 지정상속이 이루어지기 위해서는 사전에 유언이 있어야 하기 때문에 갑작스런 사고에 의한 사망 등으로 재산분배가 미리 정해지지 못한 경우에는 민법에서 정한 비율대로 재산을 나누게 되는데 이를 법정상속이라고 한다. 법정상속이 이루어지는 경우 재산분배비율은 배우자를 제외한 모든 상속인은 동일하고 배우자만 50%를 더 받게 된다. 예를 들어 별도의 유언장이 없이 사망한 피상속인의 유가족이 배우자와 3자녀라면 배우자의 몫은 1.5/4.5이고 자녀들은 각각 1/4.5의 비율로 재산상속을 받게 된다.

상속권자와 법정상속지분

상속권자		법정상속지분		
상속순위	상속권자	상속인	상속지분	상속비율
1순위	직계비속	배우자	1.5	1.5/4.5
2순위	직계존속	장남(결혼)	1	1/4.5
3순위	형제자매	장녀(결혼)	1	1/4.5
4순위	4촌 이내의 방계혈족	차남(미혼)	1	1/4.5

* 배우자는 1순위자 및 2순위자와 공동으로 상속권을 가지며 1순위자와 2순위자가 없을 경우에는 배우자가 단독으로 상속권을 갖는다.

02 상속세 계산구조에 절세 노하우가 숨어있다

1. 상속세의 과세방식

상속이 개시된 날(피상속인의 사망일) 현재 피상속인의 재산과 간주상속재산 등 모든 상속재산을 과세표준에 포함시킨 다음 이를 기초로 상속세 금액을 계산하고 이에 대해 상속인이 각자의 상속지분대로 세액을 나누어 납부하게 되는데, 이를 유산과세방식이라고 하며 현재 우리나라가 채택하고 있는 방식이다.

그러나 앞서 언급했듯이 배우자의 상속분에 대해서는 이를 재산의 이전으로 보아서는 안 되는 것이며 상속세가 상속재산의 취득자에게 부과되는 세금이라는 점에서 보면, 상속인별로 각자 취득한 재산에 대해서만 세금을 계산하고 납부하는 것이 더 타당하게 보일 수도 있는데, 이와 같이 피상속인의 상속재산을 공동상속인별로 나눈 다음에 각 상속인의 상속지분에 따라 상속세를 계산하는 방법을 유산취득세방식이라고 한다.

예를 들어 어떤 사람이 35억원의 재산을 배우자와 자녀 2인에게 법정상속했을 경우 현재 우리나라가 적용하고 있는 유산과세방식에 의하면 35억원의 상속재산 전액에 대해 상속세를 계산한다. 그러나 유산취득세방식은 상속재산 중 배우자의 몫인 15억원(35억원×1.5/3.5)과 자녀의 몫인 각각 10억원(35억원×1/3.5)에 대해 상속세를 따로따로 계산하는 것을 말한다. 상속세는 초과누진세율이기 때문에 유산과세방식의 세부담이 훨씬 크다.

2. 상속재산에는 어떤 것이 포함되는가?

상속세가 과세되는 상속재산에는 금전으로 바뀔 수 있는 경제적 가치가 있는 모든 재산이 포함된다. 또한 이와 같은 민법상의 상속재산 외에 다음과 같은 것들이 추가로 상속재산에 포함되는데, 이를 간주상속재산이라고 한다. 즉, 간주상속재산이란 형식적으로는 피상속인이 사망할 때 남긴 재산이 아니지만 실질적으로는 피상속인이 남긴 것과 마찬가지로 취급하는 재산을 말한다.

(1) 생명보험금과 손해보험금
피상속인이 평소에 자신을 피보험자로 하는 사망보험을 들었다면 (즉, 계약자가 피상속인일 경우) 사망시에 그 보험금을 상속인이 받게 되는데, 이를 상속재산에 포함시킨다.

(2) 신탁재산

피상속인이 신탁한 재산(금전신탁과 실물신탁 포함)은 이를 모두 상속재산에 포함시킨다.

(3) 퇴직금과 퇴직수당

근로자가 사망하면 직장으로부터 퇴직금을 받게 된다. 이때 지급받는 퇴직금과 퇴직금 외에 별도의 퇴직위로금·퇴직공로금 명목으로 지급받는 것도 모두 상속재산에 포함된다.

(4) 사망 전 증여재산

상속세가 나올 것에 대비하여 미리 상속인에게 증여를 해놓은 경우에도 사망 전 10년 이내에(상속인이 아닌 자에게 증여한 것은 사망 전 5년 이내) 증여한 것은 이를 모두 상속재산에 다시 포함시킨다.

자신은 곧 죽을 것인데도 자신의 죽을 운명을 알고 이와 같이 자손을 위해 미리 증여를 하다니! 이 얼마나 고마우신 부모님의 사랑인가? 그러나 우리 세법은 부부 또는 부모자식간의 이런 정(情)을 용납하지 않으니 세법이 얼마나 무서운 것인가를 다시 한 번 일깨워 주는 대목이 아닌가 싶다. 조금만 더 속이 깊어 10년 이전에 증여했다면 괜찮았을 텐데….

(5) 용도가 불분명한 재산처분액과 채무부담액

자손들이 내게 될 상속세를 줄여 주기 위한 조상의 노력은 여기에서 그치지 않으니 가히 부모의 사랑은 끝이 없나 보다. 사망하기 전 1년 이내에 재산별로 따져서 그 처분가액이 2억원 이상(2년 이내는 5억원 이상)으로서 용도가 불분명한 것과 용도가 불분명한 2억원 이상의 채무는 이를 모두 상속재산에 포함시킨다.

사망하기 직전에 피상속인이 처분한 재산이나 차입한 채무 중 상속개시일 현재 존재하지 않는 것은 모두 상속인에게 미리 분배된 것으로 본다는 뜻이다. 다만, 자금추적상 어려움이 있기 때문에 일정금액을 초과하는 것으로서 상속개시일로부터 2년 이내의 것으로 한정하고 있다.

이와 같이 상속재산에 추가로 포함되는 내용들을 보면, 막연하게나마 상속대책(?)을 미리미리 세워 놓아야 할 것 같은 생각이 든다.

(6) 상속 및 증여재산의 평가방법

상속(증여)재산은 시가에 의해 평가하는 것이 원칙인데, 여기서 시가라 함은 상속개시일(사망일) 또는 증여일 현재 불특정다수인 간에 자유로이 거래되는 가격(상속의 경우는 상속개시일 전후 6개월, 증여는 증여일 전후 3개월 이내의 매매·경매·공매·감정가액을 포함한다)을 말한다. 따라서 현실적으로 시가의 산정이 그리 쉽지가 않은데, 이럴 경우에는 다음과 같은 보충적 방법에 의해 상속·증여재산을 평가하게 된다.

① 토지 : 개별공시지가

② 일반건물, 오피스텔 및 상업용 건물 : 국세청 기준시가

③ 주택 : 개별주택가격 및 공동주택가격(국토교통부에서 고시)

④ 서화, 골동품 : 2명 이상의 전문가가 감정한 가액의 평균액

⑤ 상장주식 : 사망일(증여일) 전 2개월간 및 사망일(증여일) 후 2개월
간의 평균가액

3. 상속재산에서 공제되는 채무·공과금·장례비용

이처럼 세법은 피상속인이 남긴 재산 외에 앞으로 상속인에게 귀속
될 재산까지도 모두 상속재산에 포함하여 상속세를 물리고 있는데, 그
빡빡한 세법도 피상속인이 생전에 갚지 못한 채무나 공과금, 그리고
저승으로 가는 데 드는 장례비용 등은 상속재산에서 차감해 주고 있
다. 죽더라도 빚은 지지 말라는 것과 저승가는 노자에는 세금을 물리
지 않겠다는 뜻인가 보다.

(1) 채무의 범위

상속개시일 현재(사망 당시) 존재하는 채무로서 피상속인이 부담하는
사실이 입증되는 것이어야 한다. 구체적으로는 채무부담확인서나 채
권자확인서 또는 담보 및 이자지급에 관한 증빙서류 등을 제출함으로
써 공제가 가능하다.

(2) 공과금

상속개시일 현재 피상속인이 부담해야 할 각종 세금이나 공공요금,
회비 등을 말한다. 그러나 상속개시일 이후 상속인의 착오로 납부하게
되는 가산금·체납처분비·벌금·과료·과태료 등은 공과금에 포함되

지 않는다.

(3) 장례비용

장례비용은 피상속인이 사망한 때로부터 장례일까지 장례에 직접 소요된 비용을 말한다. 이때 저승가는 노자(장례비용)는 누구나 500만원까지 공제받을 수 있으며, 500만원이 넘는 경우에는 세금계산서나 영수증 등 증빙서류에 의해 실제 지출이 확인되는 것에 한해 공제받게 된다. 그러나 공제금액이 1,000만원을 넘을 수는 없다. 단, 봉안시설 또는 자연장지의 사용에 소요된 금액은 500만원 범위 내에서 추가로 공제된다.

4. 상속세 과세가액에서 공제되는 것들

(1) 기초공제

상속세 과세가액에서 무조건 2억원을 공제해 준다. 그러나 피상속인이 10년 이상 경영하던 중소기업 및 중견기업(매출액 5,000억원 미만) 등 가업(家業)을 상속받는 경우에는 가업상속재산가액의 전액을 300억원(피상속인의 가업경영기간이 20년 이상인 경우에는 400억원, 30년 이상인 경우에는 600억원)의 범위 내에서 추가로 공제받을 수 있다. 이 경우 가업을 상속받고 5년 이내에 가업에 종사하지 않거나 가업용 자산의 40% 이상을 처분할 경우에는 상속세를 다시 추징한다. 이외에도 영농상속의 경우에는 영농상속재산가액을 30억원의 범위 내에서 추가로 공제받을 수 있다.

(2) 배우자상속공제

배우자상속공제는 법정상속지분의 범위 내에서 배우자가 실제로 상속받은 금액을 전액 공제하되, 공제한도는 30억원이다. 그리고 배우자의 법정상속지분이 5억원이 안 되는 경우에는 최소 5억원을 공제받을 수 있다. 따라서 결혼한 지 30년이 되고 자녀가 2인일 경우 남편이 8억원의 재산을 남기고 사망했다면(일반적으로 남자가 먼저 죽는다) 법정상속지분은 약 3억 4,000만원(8억원×1.5/3.5)이지만 5억원까지는 상속세 과세가액에서 공제되니 이만하면 부인의 가사노동에 대한 대가(5억원을 주부의 근속기간(?)인 360개월로 나누면 월 평균 139만원이 나온다. 물론 퇴직금도 포함된 것이다)도 상당하다고 생각된다. 게다가 만약에 잘난 남편 만난 덕에 상속재산 중 배우자 몫의 법정지분액이 30억원이었다면 이때에는 30억원 전액이 공제될 수 있는 것이다.

(3) 기타 인적공제

피상속인의 가족상황에 따라 공제해 주는 것으로 자녀공제, 미성년자공제, 연로자공제, 장애인공제가 있다.

자녀공제는 피상속인의 자녀 1명당 5,000만원을 공제하는 것으로서 피상속인과의 동거 여부나 나이와는 관계없이 공제된다. 그러나 다음에서 설명하는 미성년자공제나 연로자공제, 장애인공제는 피상속인과 상속인이 동거하고 있는 관계이어야만 한다.

미성년자공제란 자녀 중 미성년자가 있을 경우 1,000만원에 19세가 될 때까지의 연수를 곱한 금액을 공제하는 것을 말한다.

　연로자공제란 동거가족 중 65세 이상의 연로자가 있는 경우 1인당 5,000만원을 공제하는 것이다. 배우자상속공제와 연로자공제는 중복공제가 되지 않는다. 마지막으로 장애인공제란 동거가족 중 장애인이 있을 경우 1인당 1,000만원에 통계청장이 고시하는 성별·연령별 기대여명의 연수를 곱한 금액을 공제하는 것이다.

(4) 일괄공제

　상속인이 상속재산에 대한 상속세를 계산함에 있어 배우자상속공제를 제외한 기타 인적공제를 항목별로 공제받을 수도 있지만 상속재산이 많지 않거나 또는 항목별 공제금액이 적은 상속인의 경우에는 기초공제 (2억원)와 기타 인적공제의 명목으로 5억원을 일괄공제할 수 있다. 단, 배우자가 단독으로 상속받은 경우에는 일괄공제가 허용되지 않는다.

그러므로 일괄공제 방법을 선택할 경우에는 일괄공제 5억원과 배우자상속공제 최소액 5억원을 합하여 모두 10억원을 공제받게 되므로 상속재산 10억원까지는 상속세가 과세되지 않는 셈이 된다.

(5) 금융재산상속공제

상속인이 남긴 상속재산에 금융재산이 포함되어 있는 경우에는 일정금액을 상속세 과세가액에서 공제받을 수 있다. 여기서 금융재산이란 예·적금과 보험금, 출자금, 주식 등을 모두 포함하는 것이며, 금융회사에 대한 채무가 있는 경우에는 이를 공제한 순금융재산에 대해 공제가 가능하다.

(6) 동거주택상속공제

상속재산 중 피상속인과 상속인(직계비속으로서 무주택자라야 함)이 상속개시일부터 소급하여 10년(상속인이 미성년자인 기간은 제외) 이상 계속하여

금융재산상속공제액

금융재산가액	공제액
2,000만원 이하	해당 금융재산가액 전액
2,000만원 초과 1억원 이하	2,000만원
1억원 초과	금융재산가액의 20%(2억원 한도)

동거한 1세대 1주택이 포함된 경우에는 주택가액(해당 주택에 담보된 채무는 차감)의 100%(6억원 한도)를 상속세 과세가액에서 공제받을 수 있다.

상속세의 계산구조

상속재산 ◀······· 본래의 상속재산
(-)
보험금
채무
신탁재산
공과금
퇴직금
장례비용
사망전 증여재산
=
추정상속재산
상속세 과세가액

(-) 선택
배우자상속공제
기초공제(2억원)
일괄공제(5억원) ◀·······
배우자상속공제
금융재산상속공제
기타 인적공제
동거주택상속공제
금융재산상속공제
가업상속공제
동거주택상속공제
=
가업상속공제
과세표준
×
세율 = 산출세액

03 상속세는 최고세율이 50%다

상속세와 증여세는 과세표준의 크기에 따라 최저 10%부터 최고 50%까지 초과누진세율에 의해 세액이 계산된다. 단, 과세표준이 50만원 미만, 즉 산출세액이 5만원 미만인 경우에는 상속세를 부과하지 않는다.

그런데 상속세를 적게 내기 위해 한 세대를 뛰어넘어 상속하는 경우도 있는데, 이때에는 상속세액의 30%(상속인이 미성년자로서 상속재산이 20억원을 초과하는 경우에는 40%)를 할증하게 된다. 예를 들어 할아버지가 아들에게 상속하지 않고 직접 손자에게 상속하는 경우로서, 이를 세대생략상속이라고 한다. 이렇게 선순위 상속인(아들)이 상속을 포기하여 후순위 상속인(손자)이 상속받는 경우에는 상속세과세가액에서 그 금액을 차감한 만큼만 상속공제를 받을 수 있다. 예를 들어 상속인이 배우자와 아들한 명인 피상속인의 상속재산 25억원 중 10억원이 손자에게 상속되었다면 상속공제는 배우자상속공제 15억원과 일괄공제 5억원을 더한 20억원을 받아야 하지만, 공제한도가 15억원(25억원 – 10억원)으로 제한된다.

과세표준	세율	누진공제액
1억원 이하	10%	–
1억원 초과 5억원 이하	20%	1,000만원
5억원 초과 10억원 이하	30%	6,000만원
10억원 초과 30억원 이하	40%	1억 6,000만원
30억원 초과	50%	4억 6,000만원

* 상속세 과세표준이 20억원인 경우 산출세액 : (20억원 × 40%) − 1억 6,000만원 = 6억 4,000만원

　따라서 늘어난 상속세 과세표준에 대해 산출세액의 130%(또는 140%)를 상속세로 내는 것이 나을지, 아니면 100%씩 두 번 내는 것이 유리할지를 따져 봐야 할 텐데 이것은 비단 세액의 크기로만 결정할 문제는 아닌 듯싶다. 할아버지가 아들을 제치고 손자에게 직접 상속하면 그 아들이 얼마나 서운하겠는가? 용돈을 적게 줘도 칼부림을 하는 요즈음 세상에 그 할아버지가 무사하실지 모르겠다.

　한편 할아버지가 사망하기 전에 이미 아버지가 사망한 경우에는 어쩔 수 없이 손자가 직접 상속을 받을 수밖에 없는데, 이를 대습상속이라고 하며 이런 경우에는 상속세를 할증하지 않는다. 그리고 세대생략증여의 경우에도 증여세는 30%(수증자가 미성년자로서 증여재산이 20억원을 초과하는 경우에는 40%)가 할증된다.

04 상속세, 언제까지 신고해야 하나?

상속인은 상속개시일(피상속인의 사망일)이 속하는 달의 말일로부터 6개월 이내에 피상속인(사망자)의 주소지 관할 세무서에 상속세과세표준신고 및 자진납부계산서에 다음의 서류를 첨부하여 상속세를 신고·납부해야 한다. 이렇게 신고기한 이내에 신고·납부하면 신고세액의 3%를 공제받을 수 있다.

① 피상속인의 제적등본

② 상속세과세가액계산명세서

③ 상속인별 상속재산 및 평가명세서

④ 채무·공과금·장례비용 등 상속공제명세서

⑤ 기타 첨부서류(연부연납(물납)허가신청서 등)

그런데 상속세와 증여세는 부과징수방식이므로 납세자가 신고한 대로 세액이 확정되는 것이 아니고, 납세자의 신고내용을 토대로 국가가

최종적인 세액을 결정하여 통지해주며 그 시점에서 세액이 확정된다. 상속세는 신고기한 경과 후 9개월 이내에 결정된다.

한편 상속세를 6개월 이내에 신고하지 않거나 또는 미달하게 신고한 경우에는 20%(고의적인 무신고나 과소신고시에는 40%)의 가산세를 내야 하는데, 이를 신고불성실가산세라고 한다. 또한 신고불성실가산세와는 별도로 납부되지 않은 금액에 대해서는 미납일수에 따라 연리 8.03%의 납부지연가산세를 추가로 내야만 한다. 따라서 신고와 납부가 모두 이루어지지 않아 1년 후에 고지에 의해 납부한다면 모두 합해 28.03%의 가산세를 내야 한다.

상속세 낼 돈이 없을 때는
이렇게!

상속재산은 많으나 대부분 금전 이외의 재산(부동산이나 유가증권)인 경우에는 상속세를 현금으로 납부하기가 어려운 경우가 생긴다.

물론 상속재산을 즉시 처분하여 세금을 내는 방법도 있겠지만 급하게 재산을 처분하면 손해를 입게 마련이므로 이럴 경우에는 물납과 연부연납 또는 분할납부제도를 활용하면 된다.

물납이란 상속세를 현물로 받는 것인데 아무 경우에나 물납이 가능한 것은 아니고, 상속재산 중 부동산과 유가증권이 차지하는 비중이 1/2을 넘어야 하며 상속세 납부세액이 2,000만원을 초과하고 상속세 납부세액이 상속받은 금융재산가액을 초과하는 경우라야 물납이 가능하다.

이 경우 물납할 수 있는 상속재산은 부동산과 유가증권 등인데, 비상장주식은 이를 제외하고는 상속재산이 없거나 납부세액에서 상속세 과세가액(비상장주식과 상속인이 거주하는 주택은 차감)을 차감한 금액 이내에서만 물납이 허용된다.

그리고 연부연납이란 납부세액이 2,000만원을 넘는 경우에 상속세를 나누어서 내는 것인데, 그 기간은 상속세액의 결정통지일로부터 10년(가업상속이나 중소기업상속은 20년)이내로 한다. 연부연납방식은 우선 내야 할 상속세의 1/11을 신고(납부) 기한 내에 내고 나머지 금액을 10년간 매년 1/11씩 나누어 내게 된다. 물론 이 경우에도 연부연납은 공짜로 되는 것이 아니고 국세청이 정하는 이자를 별도로 내야 하며, 납세담보도 제공되어야만 한다. 결국은 상속세 낼 돈을 국가가 빌려주고 이자를 챙기는 것이라고 보면 되는데, 그래도 고리(高利)는 아니니 천만다행(?)인 듯싶다.

한편 세금납부를 일시적으로 연기하고자 한다면 분할납부제도를 이용하면 되는데, 분할납부란 납부할 세액이 1,000만원을 넘는 경우 일부(세액이 2,000만원을 넘는 경우에는 50% 미만의 금액)를 납부기한 경과 후 2개월 이내에 나누어 내는 것을 말한다.

06 상속세 계산 따라하기

다음의 사례를 가지고 상속세가 실제로 어떻게, 얼마만큼 나오는지 계산해 보기로 하자.

김부자 씨가 사망을 하여 그 가족들이 상속을 받게 되었는데 남기고 간 상속재산의 내용은 다음과 같다.

- 주택 : 아파트 55평(기준시가 10억 4,000만원)
- 토지 : 공시지가 5억 2,000만원
- 은행예금 : 4억 8,000만원
- 은행차입금 : 2,000만원
- 장례비용 : 400만원
- 공과금 등 : 100만원
- 유족 : 배우자와 자녀(26세, 22세와 17세)가 있다.

① 상속재산 계산

10억 4,000만원＋5억 2,000만원＋4억 8,000만원＝20억 4,000만원

② 상속세 과세가액의 계산

20억 4,000만원 - (2,000만원+500만원+100만원)=20억 1,400만원

③ 상속세 과세표준의 계산

20억 1,400만원 - (5억원(일괄공제)+6억 7,300만원(배우자상속공제)+

9,200만원(금융재산 상속공제)) = 7억 4,900만원

＊배우자상속공제=(상속재산-채무)×배우자 법정지분비율

(20억 4,000만원-2,000만원)×1.5/4.5=6억 7,300만원

＊금융재산 상속공제=(금융재산-금융채무)×20%

= (4억 8,000만원-2,000만원)×20%=9,200만원

④ 산출세액의 계산

(7억 4,900만원×30%) - 6,000만원 =1억 6,470만원

이 경우 6개월 이내에 신고하면 3%의 세액공제를 받을 수 있으므로 세액공제를 차감한 납부세액은 1억 5,976만원이 된다.

07 미리 상속계획을 짜면
절세할 수 있다

다음의 사례를 통해 김성실 씨(65세)가 사전에 상속플랜을 전혀 세우지 않은 경우와 사전상속플랜을 수립하여 대비한 경우 얼마나 차이가 있는지를 따져보자.

- 주택 : 아파트 55평(기준시가 5억 6,000만원)
- 토지 : 전답(공시지가 5억원)
- 은행예금 : 10억원
- 주식 : 2억원
- 상가건물 : 시가 8억원(기준시가 5억원)
- 배우자와 소득이 있는 자녀 3명(27세, 25세, 24세)이 있다.

1. 상속플랜이 전혀 없었다면 상속시 얼마의 세금을 내야 하는가?

- 상속재산 : 27억 6,000만원
- 상속세 과세가액 : 27억 6,000만원 − 500만원(장례비공제) = 27억

5,500만원

- 과세표준 : 27억 5,500만원 − 9억 2,000만원(배우자상속공제) − 5억
  원(일괄공제) − 2억원(금융재산 상속공제) = 11억 3,500만원

  * 배우자상속공제 = 27억 6,000만원×1.5/4.5 = 9억 2,000만원

- 산출세액 : (11억 3,500만원×40%) − 1억 6,000만원 = 2억 9,400만원

- 결정세액 : 2억 9,400만원×97% = 2억 8,518만원

2. 사전에 상속플랜을 세웠다면 얼마나 세금을 줄일 수 있을까?(가능한 상속대책)

① 사전증여 : 10년 이전에 배우자에게 6억원, 성년인 세 자녀에게
  각각 5,000만원씩을 미리 증여(▽7억 5,000만원)

② 보장성보험에 가입 : 계약자와 수익자를 세 자녀로 계약(▽월 50만
  원×3명×10년=1억 8,000만원)

  * 자녀가 소득이 있으므로 자신들이 계약자가 되어 직접 보험료를 납입하면 사
    고(만기)보험금에 대해서는 상속세와 증여세가 과세되지 않는다.

- 상속재산 : 27억 6,000만원 − 9억 3,000만원 = 18억 3,000만원

- 과세표준 : 18억 3,000만원 − 500만원(장례비공제) − 6억 1,000만원(배우
  자상속공제) − 5억원(일괄공제) − 2억원(금융재산상속공제) = 5억 1,500만원

  * 배우자상속공제금액 : 18억 3,000만원 × 1.5/4.5 = 6억 1,000만원

- 산출세액 : (5억 1,500만원×30%) − 6,000만원 = 9,450만원

- 결정세액 : 9,450만원×97% = 9,166만원

3. 절세금액

2억 8,518만원 − 9,166만원 = 1억 9,352만원

재산상속을 위한 9가지 절세 노하우

1. 상가건물을 상속할 때는 전세를 놓은 상태에서 상속하는 것이 유리하다

상속재산에 포함된 부동산은 공시지가나 기준시가에 의해 그 재산가액을 평가하게 되는데 이와 같은 기준시가는 실제의 시가보다 20~30% 적은 것이 일반적이며, 특히 전세보증금(임대보증금)으로 받은 금액은 부채로서 상속재산에서 공제될 수 있는 것이므로 그 금액만큼 상속재산이 감소하는 효과가 생긴다.

예를 들어 시가 10억원 상당의 빌딩을 상속하는 경우 세법상 평가액이 7억원이고 임대보증금이 4억원이라면, 빌딩을 매각하여 현금으로 상속하면 6억원(10억원-4억원)이, 그리고 임대보증금이 전혀 없는 월세 조건인 경우에는 7억원이 상속세 과세가액에 산입되나 임대를 놓은 상태에서는 3억원(7억원-4억원)만이 상속세 과세가액에 산입된다.

2. 장례비용이 500만원을 초과할 경우에는 관련 영수증을 잘 챙겨야 한다

물론 상을 당한 마당에 무슨 영수증을 챙기냐고 할지 모르지만 상속재산에서 공제되는 장례비용은 500만원 미만일 경우에는 500만원을 공제하지만 이를 초과하는 경우에는 그 지출이 확인되는 것만 인정이 되기 때문에 경황이 없더라도 잘 챙겨야만 한다. 이때 장례비용은 아무것이나 무조건 인정되는 것이 아니고 사회통념상으로 필요한 비용에 한정된다는 점에 주의해야 하는데, 고인의 사망을 알리는 신문공고비 등은 필요한 장례절차의 일부이므로 인정이 된다.

3. 금융자산보다는 부동산으로 상속하는 것이 유리하다

금융자산은 그 전액이 상속세 과세대상가액이 되지만 부동산은 시가의 확인이 어려운 경우 정부에서 정한 기준시가에 의해 상속재산을 평가하게 된다. 이러한 기준시가는 토지의 경우에는 공시지가로서 대략 시가의 80% 정도가 되며 건물은 국세청 기준시가 또는 국토교통부 공시가격으로서 70~80%에 불과하기 때문에 과세가액이 훨씬 더 적어지게 된다(금융재산의 경우도 20%를 공제받을 수 있지만 공제한도(2억원) 때문에 최대 10억원까지만 공제받을 수 있다). 더구나 자금의 일부를 차입하여 부동산을 구입한 후에 상속을 하면 상속재산은 일부 금액만 산입되는 반면에 차입금은 전액을 공제받기 때문에 그 효과가 더욱 커지게 된다. 단, 부동산의 상속시에는 금융자산을 상속하는 경우와는 달리 추가적인 취득비용(취득세, 소유권이전을 위한 등기비용 등)이 뒤따르게 된다는 점을 염두에 두어야 할 것이다.

4. 합산과세하는 상속세보다는 개별과세하는 증여세를 내도록 하자

상속세는 피상속인이 남긴 재산액 모두를 합친 금액에 대해서 과세되지만 증여세는 증여를 받은 사람별로 세액을 계산하게 된다. 따라서 단순히 과세가액의 면에서만 보면 상속보다는 증여가 더 유리하다고 볼 수 있다. 뿐만 아니라 10년 간격으로 증여세의 부담 없이 배우자에게는 6억원, 자녀에게는 5,000만원(미성년자는 2,000만원)까지 사전 상속도 가능하므로 미리미리 대비하면 세금부담을 줄이면서 합법적으로 상속할 수 있다. 그러나 증여세의 경우에는 각종 공제금액이 상속세보다 적으므로 반드시 증여가 유리하다고 단언할 수는 없으며, 구체적인 사례별로 따져 보아야 한다.

5. 상속 전 1년 이내에는 재산의 처분을 자제하고 그 처분대금의 증빙을 잘 보관하자

상속개시 전 1년(2년) 이내에 처분한 재산으로서 용도가 불분명한 경우 그 금액이 2억원(5억원)이 넘는 것은 상속재산에 포함되며, 이때에는 기준시가가 아닌 실제 매매된 가격으로 산입하게 되므로 유의해야 한다.

6. 증여세가 상속세보다 많을 수도 있다

상속세는 유산과세방식에 따라 피상속인이 남긴 유산총액에 대해 세금을 계산한 다음, 이를 상속인들이 각자 받은 재산에 비례하여 나누어 내는 방식이므로 재산을 증여받은 사람별로 과세하는 증여세보다 세부담액이 클 수밖에 없다. 그 대신 상속의 경우에는 증여의 경우보다 훨씬 더 많은 각종 공제제도를 두고 있는데 이런 측면에서 보면 금액에 따라서는 증여가 반드시 유리하다고는 볼 수 없다. 전 재산을 한꺼번에 증여하는 경우에는 오히려 증여세가 상속세보다 더 많을 수도 있다. 따라서 증여는 미리, 나누어서 여러 번에 걸쳐서 해야만 절세

효과를 높일 수 있다. 상속세의 최고 명목세율은 50%이지만 배우자 상속공제 등 각종 공제금액을 차감한 후의 실효세율은 15% 내외이기 때문이다.

7. 상속(증여)재산을 곧바로 처분해서는 안 된다

상속(증여)재산의 평가기준은 상속개시일(사망일)이나 증여일 현재의 시가에 의한다. 그러나 상속개시일(증여일)의 시가를 객관적으로 확인하기가 어렵기 때문에 세법에서는 상속개시일을 전후하여 6개월(증여의 경우에는 3개월) 동안에 매매가액이나 경매가액, 감정가액 등이 있는 경우에는 이를 시가로 보도록 하고 있다. 그리고 이마저 없는 경우에는 보충적인 방법인 기준시가에 의해 재산을 평가하게 된다. 또한 상속(증여)받은 자산을 상속세(증여세)의 결정기한인 9개월(6개월) 이내에 처분하면 동 처분금액으로 상속(증여)재산이 평가되므로 기준시가에 의하는 경우보다 훨씬 더 세액이 많아질 수밖에 없다.

8. 배우자가 상속을 많이 받을수록 세금이 적어진다

상속세법상 배우자상속공제는 배우자가 실제로 상속받은 금액을 공제하는데, 단 그 금액이 민법상의 배우자지분을 초과할 수는 없다. 예를 들어 상속재산에 대한 민법상의 법정지분액이 10억원인 경우, 배우자상속재산이 12억원이라면 10억원을 모두 공제받을 수 있지만 배우자상속재산이 8억원이라면 8억원밖에 공제받을 수 없다. 따라서 배우자에게는 법정상속지분까지 최대한 상속하는 것이 상속세를 줄이는 방법이다. 이 경우 배우자상속지분에 대해서는 상속세 신고 기한으로부터 결정기한인 9개월 이내에 배우자 앞으로 상속등기가 이루어져야 한다.

9. 보험가입도 잘만하면 훌륭한 상속세의 절세수단이 된다

어렵게 모은 재산을 가족들에게 제대로 물려주고 싶은 게 대부분 가장의 마음이다. 그러나 갑작스럽게 찾아온 질병이나 사고로 가장이 죽게되면 상속비용이라는 법적인 문제에 부딪치게 된다. 그래서 상속세에 대비한 재원을 미리 준비해 놓는 게 현명한 방법이다. 그렇지 않으면 가장의 급작스런 죽음에 따른 충격과 함께 과중한 상속세 부담 때문에 각고 끝에 마련한 재산을 어이없이 처분해야 하는 경우가 적지 않다. 이처럼 사망과 함께 일어나는 상속비용 충당에 대비할 수 있는 세테크 방법의 하나로 종신보험 등 보장성보험을 생각해 볼 수 있다. 예를 들어 보자.

한의사인 송현명 씨(62), 그는 공시가격이 50억원인 병원건물과 20억원인 아파트 한 채, 또 2억원의 예금을 갖고 있는 누가 뭐래도 좀 잘사는 중산층이다. 송현명 씨가 결혼 25주년을 맞는 날, 단란한 저녁식사 시간이었다. "이 정도 재산이면 만일의 사고가 나더라도 병원건물의 임대수입으로 우리 가족생활에 아무런 지장이 없을 거야." 송현명 씨는 부인과 아들(30), 딸(28)을 뿌듯하게 둘러봤다. 그러나 과연 그럴까? 결론부터 얘기하면 문제가 송현명 씨 생각대로 그렇게 간단한 건 아니다.

현행 상속세법상 송현명 씨가 지금 사망할 경우 유족은 13억 2,500만원 가량의 상속세를 물게 된다. 현재 예금 2억원으로는 턱없이 모자란다.

일단 병원을 팔아 상속세의 재원을 마련하는 것이 가장 손쉬운 방법이긴 하지만 그렇게 되면 남아 있는 유족들이 안정적인 임대수입으로 생활하려던 계획은 수포로 돌아간다. 이럴 경우 생명보험을 이용하여 상속대책을 세워 두면 소유재산을 전혀 건드리지 않고도 거액의 상속세를 해결할 수 있다.

구체적으로 살펴보자. 예를 들어 보험료를 내는 보험계약자와 보험금을 타는 보험수익자를 동일인으로 하면 보험금이 상속재산에 포함되지 않게 된다. 즉, 보험료를 내는 계약자를 자녀로 하여 보험을 가입하면 이에 따른 보험금은 자녀의 재산이지, 상속재산은 아니라는 것이다. 단, 보험료를 내는 계약자(자녀)가 소득이 없는 경우에는 증여세의 문제가 생길 수 있다. 이런 경우에는 자녀가 미래에 걸쳐 납부할 보험료 상당액을 미리 증여하여 증여신고를 한 후 자녀의 이름으로 보험을 들면 된다.

좀 더 구체적으로 말하면, 송현명 씨가 보장성보험에 가입하면서 피보험자가 되고 아들(30)을 계약자이자 수익자로 한 종신보험(주계약 5억원)과 딸(28)을 계약자이자 수익자로 한 종신보험(주계약 5억원) 등 2건의 계약에 든다. 보험료 납입기간이 20년일 경우 아들과 딸이 내야 할 보험료를 각각 월 100만원이라고 가정하자. 여기서 종신보험이란 피보험자의 사망시기와 사망이유에 관계없이 평생 보험대상이 되는 상품을 말한다. 보험료 납입기간이 20년이라면 두 자녀는 각각 2억 4,000만원의 보험료를 내게 되는데, 이를 4%의 금리를 적용하여 현재가치로 환산하면 각각 1억 6,300만원이 된다. 그런데 상속세 및 증여세법에서는 '보험계약기간 동안 보험금 수익자가 다른 사람으로부터 재산을 증여받아 보험료를 납입한 경우에는 보험금 수령액에서 납입된 보험료를 차감한 가액을 보험금 수익자의 증여재산으로 본다'라는 규정이 있으므로 위와 같은 방법을 통한 상속은 신중하게 고려할 필요가 있다. 즉, 이런 경우 과세관청에서 보험금 지급 사실을 인지했다면 상속세는 과세되지 않더라도 보험금에 대해 증여세가 과세될 수 있다는 점을 알아야 한다.

따라서 이런 경우 소득이 있는 자녀의 계좌에서 보험료가 이체납부되어야 한다. 만약 자녀의 소득이 없다면 자녀가 납입해야 할 보험료 상당액을 보험계약기간 전에 자녀에게 증여하여 증여세 신고를 해두고 그 증여된 금액 범위 내에서 보험료를 납입하는 것이 보다 안전하다.

이렇게 하면 증여가액이 자녀에 대한 증여재산공제액을 초과하여 약간의 증여세를 내더라도 나중에 자녀가 받게 될 보험금에 대한 증여세보다는 훨씬 세금부담이 적어진다. 왜냐하면 보험금보다는 보험료가 더 적기 때문이다.

하지만 증여받은 돈으로 보험료를 내는 경우에도 증여시점으로부터 5년 이내에 보험사고가 발생하여 수증자의 재산가치가 늘어나면 이를 증여재산으로 보므로 유의해야 한다.

구분		A방법	B방법
상속재산	부동산 예금 보험금	70억원 2억원 10억원	70억원 2억원 –
계		82억원	72억원
장례비공제		△ 500만원	△ 500만원
상속세 과세가액		81억 9,500만원	71억 9,500만원
상속세 공제		△ 42억 1,400만원	△ 36억 2,500만원
상속세 과세표준		39억 8,100만원	35억 7,000만원
상속세		15억 3,050만원	13억 2,500만원
자금과부족액		△ 3억 3,050만원	△ 1억 2,500만원
절세효과		2억 550만원	

1) A방법 : 송현명 씨를 보험계약자, 자녀를 보험수익자로 하는 방법
2) B방법 : 보험계약자와 보험수익자를 모두 자녀로 하는 방법

* 일괄공제(5억원)＋배우자상속공제(35억 1,400만원)＋금융재산상속공제(2억원) ＝ 42억 1,400만원
** 일괄공제(5억원)＋배우자상속공제(30억 8,500만원)＋금융재산상속공제(4,000만원) ＝ 36억 2,500만원

보험료 증여액 1억 6,300만원에 대한 증여세 신고시 증여세 산출세액은 각각 1,260만원[{(1억 6,300만원−5,000만원)×20%}−1,000만원]이 되며, 이로써 두 자녀가 나중에 받게 되는 보험금에 대한 증여세 문제는 미리 해결된다.

한편 이 같은 보험가입으로 송현명 씨가 어떤 원인으로 사망하든 유

가족들은 병원을 팔지 않아도 예금 2억원을 포함하여 즉시 13억 2,500만원의 상속세 재원을 대부분 마련할 수 있게 된다. 이를 위의 도표를 통해 살펴보자. A방법(본인이 계약자이고 피보험자인 경우)으로는 생명보험금 10억원을 받아도 상속세 15억 3,050만원을 내려면 오히려 3억 3,050만원이 부족하다. 반면에 B방법(자녀가 계약자이고 본인이 피보험자인 경우)으로 생명보험에 가입하면 자녀들이 받은 보험금은 상속재산에 아예 포함되지 않기 때문에 상속세도 13억 2,500만원으로 더 적게 나와 부족액은 1억 2,500만원으로 줄어들며 두 경우의 세금 차이도 무려 2억 550만원에 달한다. 이와 같이 보험료의 사전 증여를 통해 상속재산에 대한 상속세를 절세함과 동시에 상속세 납부재원도 마련할 수 있다.

상속 관련 세금 Q&A

Q 개인연금보험의 계약자인 피보험자가 사망한 경우에는 보험금 수익자 (상속인)가 수령하는 사망보험금은 10년간에 걸쳐 분할 지급하도록 하고 있는데, 이 경우 상속인이 수령한 보험금의 상속세 과세가액은 어떻게 계산하는지?

A 피상속인의 사망으로 인해 상속인과 상속인 이외의 자가 지급받은 보험금으로서 피상속인이 보험계약자이거나 현실적으로 보험료를 납부한 경우에는 보험금 수령액을 상속재산으로 간주하는데, 이와 같이 10년 동안 매년 일정액으로 수령하도록 되어 있는 경우에는 10년 동안 수령할 보험금을 현재가치로 평가(기획재정부령에서 정해진 이자율(현재 3%)로 환산)하여 계산한다(단, 1년 동안 받는 금액의 20배를 초과할 수는 없다).

Q 부친이 교통사고로 사망하여 가해자에게 위자료지불 청구소송을 제기하여 위자료로 1억원을 받았을 경우, 이것도 상속세 과세가액에 합산되는 것인지?

A 정신적 또는 재산상 손해보상의 성격으로 받은 보상금은 상속세나 증여세의 과세대상이 아니다.

Q 합법적인 유언이 없을 경우에는 상속재산을 어떻게 나누는지?

A 상속재산은 피상속인의 의사, 즉 유언에 의해 나누는 것(지정상속)이 원칙이나, 유언이 없었을 경우에는 민법이 정하는 바(법정상속)에 따라 상속재산을 나누게 된다. 법정상속은 배우자가 다른 상속인보다 50%를 더 받고 나머지 상속인들은 동등하게 분배받는다. 즉, 배우자와 세 자녀가 상속인이라면 배우자지분은 1.5이고 나머지 자녀의 지분은 각각 1이므로 배우자는 1.5/4.5 그리고 세 자녀는 각각 1/4.5의 지분을 갖게 된다.

Q 법정지분을 초과하여 상속받게 되면 증여세를 내야 하는지?

A 상속인들의 합의에 의해 상속재산을 적절히 나누는 것을 협의분할이라고 하는데, 이에 대해서는 증여세를 내지 않아도 된다.

Q 상속인간에 상속재산의 분할에 관한 협의가 이루어지지 않은 경우에는 상속세를 언제까지 신고·납부해야 하는지?

A 상속세는 상속재산의 분할협의 여부와는 관계없이 상속개시일이 속하는 달의 말일로부터 6개월 이내에 신고·납부해야 한다.

Q 부친이 사망했는데 유언으로 어머니와 장남에게만 재산을 상속하고 딸 둘에게는 전혀 재산을 상속하지 않았을 경우 최소한의 상속을 받을 방법은?

A 이와 같은 경우 민법상으로 법정상속분의 일정비율은 반드시 상속인에게 승계될 수 있도록 보장하고 있는데, 이를 유류분제도라고 한다. 상속인 중 직계비속의 유류분은 법정상속지분의 1/2

이므로 이 경우에 딸이 받을 수 있는 유류분은 법정상속지분인 1/4.5의 절반인 1/9이 된다.

Q 서 씨의 부모님은 교통사고로 같은 날 모두 사망했다. 이런 경우 상속세의 계산은 어떻게 되는지?

A 우선 부와 모가 같은 날짜에 시차를 두고 사망한 경우에는 부와 모의 재산을 각각 개별로 계산하여 과세하되, 나중에 사망한 자의 상속세 과세가액에는 먼저 사망한 자의 상속재산 중 그의 지분을 합산하고 단기재상속에 대한 공제를 하게 된다. 그러나 부와 모가 동시에 사망했다면 동시사망자 상호간에는 상속이 성립되지 않으므로 상속세 과세는 각각 개별로 계산하되, 배우자상속공제는 적용할 수 없다.

Q 피상속인의 재산보다 채무가 많아 상속포기를 하려고 한다. 상속포기는 어떻게 하는지?

A 상속재산보다 채무가 더 많은 경우 상속인은 상속포기를 할 수도 있고, 승계는 하지만 채무에 대해서는 상속재산의 한도에서 변제의 책임을 지는 한정승인을 할 수도 있다. 상속포기나 한정승인은 피상속인의 채무가 더 많다는 사실을 안 날로부터 3개월 이내에 가정법원에 포기 또는 한정승인신고를 해야 하는데, 여러 사람이 공동으로 상속을 받는 경우에도 각 상속인은 단독으로 할 수 있다. 그러나 3개월이 경과하도록 신고하지 않거나 3개월 이

내에 상속재산을 처분하게 되면 피상속인의 모든 권리·의무를 상속받겠다(단순승인)는 뜻으로 본다.

Q 아버님이 돌아가시면서 상속재산으로 주택과 약간의 은행예금을 남겼다. 상속인은 어머님과 3남매가 있다. 3남매가 의논해 본 결과 상속재산 중 주택은 장남인 본인이 갖고 은행예금은 어머님과 동생들이 나누어서 가지려 한다. 이 같은 방법이 가능한지?

A 일반적으로 상속재산은 상속인간의 협의에 의해 분할이 가능하며 협의분할을 하지 않을 경우에는 민법에서 정하는 상속비율대로 분할하여 상속이 된다. 법정상속지분대로 상속이 이루어질 경우 하나의 상속재산(주택)에 상속인의 지분율대로 상속됨에 따라 처분이나 관리 등에 불편함이 따르게 되므로 이 같은 불편함을 해소하기 위해 상속인간의 협의에 의해 상속재산 및 채무의 분할이 가능하게 한 것이다. 이 경우 분할의 효과는 상속개시 시점까지 소급한다. 즉, 피상속인으로부터 직접 승계받은 것으로 보아 공동상속인으로부터 증여받은 것으로 보지는 않으므로 증여세는 과세되지 않는다.

Q 배우자가 상속을 포기하는 경우 배우자상속공제의 혜택은 어떻게 되는지?

A 상속인이 인적공제 대상자로서 상속포기 등으로 상속을 받지 않은 경우에도 인적공제는 가능하다. 따라서 피상속인의 배우자가 있는 경우 배우자가 상속포기를 해도 배우자상속공제는 최소 5억원까지 가능하다.

8장

증여는 철저한
사전계획이 필요하다

01 증여, 미리 할수록
세금이 줄어든다

증여란 다른 사람에게 어떠한 대가도 받지 않고 공짜로 재산을 넘겨주는 것을 말하며, 재산을 주는 사람을 증여자, 받는 사람을 수증자라고 한다. 그리고 증여세는 재산을 받은 수증자가 자신이 공짜로 받은 재산가액에 대해 내는 세금이다.

증여나 상속이나 모두 수증자와 상속인이 재산을 무상으로 취득하게 된다는 점에서는 같으나, 상속은 피상속인의 사망에 의해 상속인이 재산을 취득하는 것인 데 반해, 증여는 증여자의 생존 중에 수증자가 재산을 취득하게 된다는 점에서 차이가 있다.

증여세를 과세하는 이유는 상속시에만 상속세를 부과하면 모든 피상속인이 생전에 재산을 조금씩 미리 상속, 즉 증여를 함으로써 초과누진으로 계산되는 상속세의 세부담을 얼마든지 줄일 수 있기 때문에 이를 막기 위해 죽기 전의 사전 상속에 대해 증여세를 과세하는 것이다. 따라서 증여세는 상속세의 보완적인 구실을 하는 세금인 셈이다.

증여가 상속에 비해 유리한 이유는 상속은 일생에 한 번만 가능하고 물려준 유산총액에 대해 높은 누진세율을 적용함에 따라 세금부담이 크지만, 증여는 미리 수차례에 걸쳐 실행함으로써 분산이 가능하고 수증자별로 각자 받은 증여재산에 대해 따로 세금이 계산되므로 적용되는 세율을 낮출 수 있다는 점 때문이다. 따라서 증여는 최대한 빨리, 여러 번에 걸쳐 실행하는 것이 최선의 절세법이다.

02 증여세 계산구조에
절세 노하우가 숨어있다

1. 증여재산에는 어떤 것들이 포함되는가?

증여세는 증여받은 재산에 대해서 과세되는 것인데, 증여재산이라 함은 금전으로 환산할 수 있는 경제적 가치가 있는 모든 물건과 재산적 가치가 있는 법률상 또는 사실상의 모든 권리 및 금전으로 환산할 수 있는 모든 경제적 이익을 포함한다.

또한 상속세 및 증여세법은 완전포괄주의에 따라 과세대상을 정하므로 법에 열거된 것 이외에도 타인으로부터 직·간접적으로 재산을 무상 또는 저렴한 대가로 취득하거나 타인의 기여에 의해 재산가치가 증가하는 경우에는 모두 증여세의 과세대상에 해당한다. 이 경우 저가 취득·고가양도 및 타인의 기여에 의한 증여추정시에는 시가와 대가의 차이 또는 기여에 의한 재산가치 증가액이 3억원 이상 또는 30% 이상인 경우 증여세가 과세된다.

특히 증여세를 내지 않기 위해 우회적이고 변칙적인 거래를 통해 증여하는 사례가 많으므로 세법에서는 이런 거래의 유형을 예시적으로 열거하고 있다. 여기에는 증여로 보는 거래가 있고 증여로 추정하는 거래가 있는데, 전자는 무조건 증여로 간주하는 것이므로 증여세를 피할 수 없다. 그러나 증여추정이란 증여로 보는 것이 아니라 단지 증여로 의심을 한다는 것으로서 수증자가 증여받은 것이 아니라는 사실을 구체적으로 입증(소명)하면 증여세가 부과되지 않는다. 따라서 증여추정거래에 대해서는 국세청으로부터 소명요구를 받을 가능성이 높으므로 증여로 보는 거래뿐만 아니라 증여추정거래도 가급적 피하는 것이 좋다.

변칙적인 증여를 차단하기 위해 현행 세법상 증여로 보는 경우와 증여로 추정하는 경우 중 대표적인 몇 가지를 살펴보면 다음과 같다.

(1) 다른 사람이 보험료를 납부한 보험금을 받았을 때 보험금 상당액

어머니가 아버지를 피보험자로 하고 보험금 수익자를 아들로 하는 보험을 들어 보험료를 납부해 왔는데 사고가 나서 아들이 보험금을 받게 되었다면, 이때에는 그 보험금을 어머니가 받아서 아들에게 증여한 것으로 본다. 물론 증여한 금액은 어머니가 납부한 보험료가 아니라 보험사고 발생시에 보험회사로부터 받은 보험금 전액이 된다.

따라서 보험계약을 맺을 때는 가급적 보험료 납부자와 보험금 수익자를 같은 사람으로 하는 것이 나중에 증여세 문제를 피할 수 있는 방법이 된다. 그러나 이 경우에도 보험료 납부능력이 없는 보험금 수익자가 보험계약기간 안에 다른 사람으로부터 금전 등을 증여받아 보험료를 납부한 경우에는 보험금에서 납부보험료를 차감한 가액을 보험금 수익자에게 증여한 것으로 보기 때문에 주의해야 한다.

예를 들어 계약자와 수익자를 모두 아들로 했지만 그 아들이 소득이 없어 보험료를 납부할 능력이 없는 것으로 인정된다면 이런 경우에는 아들이 부모로부터 증여받아 보험료를 낸 것으로 보게 된다. 뿐만 아니라 이런 경우를 피하기 위해 미리 미성년인 자녀에게 금전 등 재산을 증여하여 이를 신고한 후 자녀의 명의로 보험을 들더라도 자녀가 증여에 의해 재산을 취득한 후 5년 이내에 보험사고 등의 발생에 따라 재산가치가 3억원 이상 또는 30% 이상 증가한 때에는 해당 재산가치의 증가에 따른 이익을 모두 증여재산으로 본다.

한편 장애인을 보험금 수취인으로 지정한 장애인전용보험금은 연간 4,000만원 범위 내에서 증여세가 비과세되며, 장애인을 신탁이익의 수익자로 지정하여 신탁재산을 증여할 경우에는 5억원까지도 증여세를 과세하지 않는다(단, 신탁기간이 장애인 사망시까지인 경우임).

(2) 특수관계자에게 정상가액보다 싸게 팔거나 비싸게 산 자산

특수관계가 있는 자에게 정상가액 이하로 자산을 팔거나, 그 이상으로 자산을 사는 경우에는 정상가액과 양도·양수가액의 차액을 증여한 것으로 본다. 이 경우 정상가액은 시가에 30%를 가감한 금액을 말한다. 예를 들어 시가가 5억원인 부동산을 자녀에게 3억원에 양도했다면 정상가액 3억 5,000만원(5억원 - (5억원×30%))과 양도가액 3억원의 차액 5,000만원을 증여재산으로 본다.

(3) 다른 사람으로부터 공짜로 빌린 돈과 공짜로 사용하는 재산

다른 사람으로부터 금전을 무상으로 또는 적정이자율보다 낮은 이자율로 빌리거나 재산을 공짜로 사용하는 경우에는 이에 따른 경제적 이익에 대해서 증여세를 과세한다. 이 경우 무상으로 빌린 경우에는 기획재정부령에서 정한 적정이자율(현재는 연 4.6%)로 계산한 적정이자 상당액을 증여재산으로 보며(단, 증여재산가액이 1,000만원 이상인 경우에만 과세한다), 고시된 적정이자율보다 낮은 이자율로 빌린 경우에는 그 차액을 증여재산으로 본다. 한편 재산을 공짜로 사용하는 경우에는 재산을 사용함에 따라 지급해야 할 시가 상당액을 증여재산으로 본다.

예를 들어 아들이 아버지로부터 10억원을 사업자금 명목으로 무이자로 빌렸고 적정이자율이 5%라면 5,000만원(10억원×5%)을 증여재산으로 본다. 그리고 이때 금전의 대출기간은 1년으로 보는 것이므로 1년이 지나서도 회수가 되지 않았다면 1년 후 재대여가 된 것으로 보므로 매년 증여세를 내야 한다.

또한 금전 등을 차입할 때 타인의 부동산을 담보로 제공한 경우에도 적정이자(기획재정부령)와 실제 차입이자의 차액을 증여재산으로 보며, 그 금액이 1,000만원 이상일 경우 증여세를 과세한다.

(4) 특수관계인이 받은 초과배당액

모든 주주는 균등하게 배당받아야 함에도 불구하고 법인 최대주주의 특수관계인인 주주가 초과배당을 받은 경우에는 그 초과배당금액에 대해 증여세를 부과한다. 단, 초과배당금액에 대한 증여세액이 그 초과배당금액에 대한 소득세 상당액보다 적은 경우에는 증여세를 부과하지 않는다.

(5) 배우자 또는 직계존비속에게 양도한 재산

아버지가 아들에게 집을 양도했다면 이는 양도로 보지 않고 증여로 추정한다. 따라서 이때에는 양도소득세가 아닌 증여세를 내야 한다.

그러나 배우자나 직계존비속이 경제적으로 독립하여 충분한 재산상의 능력이 있고 실제로 당사자간에 매매대금을 주고받았다면 이를 증여로 보지 않는다.

만일 증여세를 피하기 위해 일단 제3자에게 집을 양도(명의만 이전)했다가 제3자가 아들에게 다시 양도하는 경우에는 어떻게 될까? 이럴 경우 아버지와 아들은 직접 거래가 없었지만 만약에 제3자가 특수관계자(친인척을 의미하는데, 광범위하게 해석하므로 주의해야 한다)라고 한다면 아버지가 아들에게 직접 증여한 것으로 추정하여 역시 증여세의 과세대상이 된다. 단, 제3자가 친인척이 아니라면(친인척이 아닌 사람에게 이런 거래를 부탁하기는 어렵다고 본다), 그리고 제3자에게 명의이전한 지 3년이 지난 다음에 아들에게 양도하는 경우에는 문제가 되지 않는다.

(6) 재산을 취득한 자금 또는 채무상환자금의 출처가 불분명한 경우

직업·성별·연령·소득 등의 상황으로 보아 자력으로 재산을 취득했다고 보기 어려운 경우로서 재산취득자금에 대한 자금출처를 입증하지 못한 경우에는 그 취득자금을 다른 사람으로부터 증여받은 것으로 추정하므로 증여세를 내야 한다. 여기서 재산취득자금에 대한 입증은 취득한 재산가액의 80% 이상(취득재산이 10억원이 넘는 경우에는 2억원을 제외한 금액 이상)을 입증해야만 증여세를 물지 않는다.

(7) 부담부증여의 경우 채무를 공제한 재산

수증자가 증여자의 채무(해당 부동산에 담보된 채무)를 인수하는 조건인 부담부증여의 경우에는 증여재산총액에서 채무를 공제한 금액을 증여 재산으로 한다. 그러나 배우자와 직계존비속간의 부담부증여는 수증 자가 증여자의 채무를 인수한 경우에도 객관적으로 인정되는 경우(금 융회사채무, 채무부담계약서, 채권자확인서 등에 의해 확인되는 경우)를 제외하 고는 이를 인수되지 않은 것으로 추정한다. 단, 부담부증여에 있어 인 수된 채무가액은 유상이전으로 간주되므로 양도소득세가 과세된다.

(8) 차명계좌에 대한 증여추정

'금융실명거래 및 비밀보장에 관한 법률'에 따라 실명이 확인된 계좌 에 보유하고 있는 재산은 명의자가 그 재산을 취득한 것으로 추정한 다. 예를 들어 실제로는 부모의 돈이지만 금융소득종합과세를 피하기 위해 자녀의 명의로 예금했다면 예금 가입시점에서 부모가 자녀에게 이를 증여한 것으로 추정하게 된다.

2. 증여재산공제

배우자 간이나 부모·자식 간에는 일정금액을 증여하더라도 증여세를 물리지 않는 것이 합당하다고 보고 이들 간에 증여가 이루어진 경우에는 일정금액을 증여재산에서 공제해 주는데, 이를 증여재산공제라고 한다. 증여세 과세표준은 증여재산에서 증여재산공제액을 차감해 계산된다. 증여재산공제액은 다음과 같다

① 배우자로부터 증여받은 때 : 6억원

② 직계존속(부모 또는 조부모)으로부터 증여받은 때 : 5,000만원(미성년자는 2,000만원)

③ 직계비속(자녀)으로부터 증여받은 때 : 5,000만원

④ 기타 친족(6촌 이내의 혈족, 4촌 이내의 인척)으로부터 증여받은 때 : 1,000만원

이러한 증여재산공제액은 증여받을 때마다 공제되는 것이 아니라 10년간 공제받을 수 있는 금액으로서 증여일로부터 10년이 지나야 다시 공제가 가능하다. 예를 들어 성년자녀가 6년 전에 아버지에게서 1억원을 증여받으면서 5,000만원을 공제받았는데, 이번에 또 1억원을 증여받았다면 10년이 지나지 않았기 때문에 이번에는 공제받을 금액이 없다는 뜻이다.

그리고 증여세가 누진세율인 점을 이용하여 수회에 걸쳐 나누어 증여함으로써 증여세 부담을 피할 수도 있기 때문에, 동일인(부모는 같은 사람으로 본다)으로부터 10년 이내에 증여받은 금액을 합산하여 1,000만원이 넘는 경우에는 증여자·수증자별로 합산하여 과세하는데, 이를 재차증여의 합산이라고 한다.

예를 들어 28세인 아들이 6년 전에 아버지로부터 2,000만원을 증여받고 금년에 어머니로부터 5,000만원을 증여받았다면, 6년 전에는 직계비속 증여재산공제액인 5,000만원 이내이므로 증여세가 없으나 금년에 증여받은 것은 10년 내 재차증여에 해당되어 증여재산을 모두 합한 7,000만원으로 본다. 여기에서 5,000만원의 증여재산공제를 하면 증여세 과세표준은 2,000만원이 되고, 10%인 200만원의 증여세를 내야 한다.

재차증여의 합산은 이렇게 증여자와 수증자가 모두 동일인일 때만 적용한다. 즉, 수증자가 같더라도 증여자가 다르면 합산하지 않는다. 예를 들어 6년 전 증여자는 할아버지이고 이번에는 증여자가 아버지라면 수증자(성년)는 같아도 증여자가 다르므로 합산하지 않는다. 그러나 직계존속으로부터의 증여재산공제는 10년간 5,000만원이므로 6년 전에 증여재산공제를 받았다면 이번에는 증여재산공제액이 없는 것이다. 그러므로 증여를 할 때에는 서두르지 말고 천천히, 여러 번에 나누어서 실행하는 것이 기본원칙이다.

3. 증여세는 얼마나 내는 것일까?

증여세의 세율도 상속세와 마찬가지로 과세표준의 크기에 따라 최저 10%에서 최고 50%까지 초과누진세율로 되어 있다.

증여세의 과세표준에 따른 세율은 상속세 세율과 같다(245쪽 참조).

03 증여세, 언제까지 신고해야 하나?

증여세의 신고·납부 절차는 상속세의 경우와 같다. 그러나 증여세는 증여받은 날이 속하는 달의 말일로부터 3개월 이내에 신고·납부해야 하는 점이 다르다. 신고기한 경과 후 6개월 내에 세무서의 결정이 내려지면 비로소 세액이 확정된다. 그리고 신고를 하면 3%의 세액이 공제되고 신고를 하지 않으면 20%의 가산세가 부과되는 것 등은 모두 같다.

그리고 세액이 2,000만원이 넘는 경우에 연부연납(증여세는 연부납부 기간이 5년임)할 수 있는 것이나 분할납부제도도 상속세의 경우와 마찬가지로 적용된다. 다만, 증여세의 경우에는 상속세와 달리 물납이 아예 허용되지 않는다.

04 증여세 계산 따라 하기

29세인 아들이 아버지로부터 사업자금 1억 2,000만원을 증여받고 이를 신고한다면 증여세가 얼마나 나올까?

- 증여재산 : 1억 2,000만원
- 증여재산공제 : 5,000만원
- 과세표준 : 7,000만원
- 산출세액 : 700만원(7,000만원×10%)
- 신고세액공제 : 21만원(700만원×3%)
- 자진신고납부세액 : 679만원(700만원 − 21만원)

재산증여를 위한 12가지 절세 노하우

1. 증여는 빠를수록 좋은 것이다

요즈음은 젊은 사람들이 스스로 생활기반을 마련하기가 여간 어렵지 않아 부모로부터 어느 정도의 자금지원을 받는 것이 일반화되어 있다. 특히 부동산의 가격이 워낙 비싸기 때문에 결혼하여 집을 장만하거나 전세자금을 마련하는 데에는 부모의 도움이 필요한 경우가 많다. 그런데 자녀가 부모로부터 증여를 받는다 하더라도 상속세 및 증여세법상 5,000만원(미성년자는 2,000만원)까지는 증여세를 물리지 않는다. 따라서 이 정도의 금액이라면 증여자가 세금을 걱정할 필요 없이 안심하고(주겠다는 의사만 확실하면) 증여할 수 있지만 주택구입자금이나 사업자금과 같은 큰 규모의 돈은 증여세가 신경쓰일 수밖에 없다.

이런 경우에는 미리 나누어서 증여함으로써 증여세의 문제를 피해 갈 수 있는 방법을 찾으면 된다. 증여를 미리 나누어서 하게 되면 다음과 같은 이점이 있다.

⑴ 증여재산공제를 여러 번 받을 수 있고 이에 따라 추가적인 증여의 기회가 생긴다

앞에서 말한 공제금액 5,000만원(미성년자 2,000만원)은 10년간의 증여재산가액의 합계액에서 10년마다 공제하는 것이다. 예를 들어 한꺼번에 성년인 자녀에게 1억원을 증여하면 5,000만원을 공제한 나머지

5,000만원에 대해서는 증여세가 과세되지만 5,000만원을 주고 10년이 지난 후 다시 5,000만원을 주면 증여세는 전혀 내지 않게 된다.

⑵ 미리 증여받은 자금을 운용하여 운용수익이 생기면 증여세를 내지 않으면서도 추가적인 자금의 원천이 마련될 수 있다

예를 들어 9,000만원을 20년간에 걸쳐 10년마다 3번으로 나누어서 미리 증여(1세 때 2,000만원, 11세 때 2,000만원, 21세 때 5,000만원)했다면 동 증여자금이 자녀의 명의로 은행 등에 예치되어 이자가 붙게 되는데, 연리 4%로 가정하여 복리계산을 해보면 30년 후의 원리금은 모두 1억 8,000만원 정도가 된다. 따라서 이 1억 8,000만원은 증여받은 사람의 합법적인 자금의 원천이 되어 향후 사업자금이나 주택마련자금에 사용되어도 전혀 문제가 없게 된다. 이런 식으로 나누어서 미리 20년 내지 30년 전부터 증여하면 아주 큰 규모의 돈은 어렵지만 2억원 내외의 돈은 얼마든지 증여세 부담없이 증여할 수 있다(일반 서민들은 증여세가 문제가 아니라 오히려 줄 돈이 없다는 것이 더 고민일지도 모른다).

2. 증여를 했으면 반드시 증거를 남겨야 한다

10년간 증여재산공제액 범위 내에서 증여가 이루어진 경우에는 증여세를 신고할 의무가 없다. 그러나 근거를 전혀 남겨 놓지 않으면 증여세의 면제범위 내에서 증여가 있었다는 사실을 입증하기가 어렵게 되고, 특히 나중에 자금출처 제출을 요구받을 경우에는 이를 입증하기가 어렵게 되어 잘못하면 증여세를 과세당할 수도 있다. 그러므로 이 같은 사실을 인정받으려면 증여재산공제액보다 약간 많은 금액을 증여함으로써 초과분에 대해서는 증여세 신고를 통해 일단 증여세를 납부하여 어느 기간 동안에 얼마만큼을 증여받았다는 근거를 남겨 놓는 것이 유리하다.

예를 들어 성인인 자녀에게 5,050만원을 증여하면(상속·증여세는 과세 최저한이 50만원이기 때문에 과세표준이 50만원이 넘어야 세금이 결정·부과된다) 50만원에 대해서는 10%인 5만원의 증여세를 내게 되는데, 이것으로 자녀는 5,045만원에 대한 자금원천을 정당하게 확보하는 셈이 되어 향후에 주택을 사거나 사업을 시작하는 경우 이를 자금출처로 제시할 수 있다.

3. 보험금보다는 보험료를 증여하는 것이 유리하다

계약자와 수익자를 모두 자녀 명의로 하여 보험을 들면 부모(피보험자)가 사망했을 경우에 받게 되는 보험금이 상속재산에 포함되지도 않을 뿐만 아니라, 만기 보험금에 대해 증여세도 과세되지 않는다. 이 경우 자녀에게 소득이 있다면 보험료 납부능력이 있는 것이므로 문제가 없지만, 자녀가 소득이 없다면 장래에 내야 할 보험료 상당액을 보험계약 전에 미리 자녀에게 증여한 후, 증여신고를 하고 동 금액에서 보험료가 납부되도록 해야 한다. 그러나 보험계약자가 부모였다면 사망에 따른 보험금은 전액이 상속재산에 포함되어 상속세를 내게 되며, 만기 보험금에 대해서는 증여로 간주된다. 따라서 보험금을 주는 것보다는 증여세 비과세액의 범위 내에서 보험료를 증여하는 것이 훨씬 유리하다. 하지만 증여받은 돈으로 보험료를 내는 경우에도 증여시점으로부터 5년 이내에 보험사고가 발생하여 수증자의 재산가치가 늘어나면 이를 증여재산으로 보므로 유의해야한다. 따라서 이렇게 보험금 증여가 목적인 경우에는 만기까지의 기간을 최소한 5년 이상으로 해야 안전할 것이다.

4. 증여를 하려면 사망하기 10년 이전에 하든지, 아니면 증여한 후에는 10년 이상을 살아라!

피상속인이 사망을 예견하고 상속세의 부담을 줄이기 위해 생전에 나누어서 미리 증여하는 것을 막기 위해 사망 전 10년 이내에 증여한 것은 모두 상속재산에 포함시키고 있다. 따라서 이왕 증여를 하려면 10년 이전에 미리 하라는 것이다. 하지만 인명은 재천이라 했거늘, 사람이 언제 죽을지를 어떻게 알겠는가? 그래서 미리 증여한 경우에는 최소한 10년 이상은 살아줘야 한다는 얘기이다.

5. 소득이 없는 자녀에게 증여할 경우에는 현금(증여세)을 같이 끼워서 증여해야 한다

자녀에게 금전이 아닌 부동산을 증여할 경우에 그 자녀가 소득이 없다면 증여세를 납부하기가 어렵다. 이때 자녀가 증여세를 납부했다면 동 증여세 금액도 부모로부터 증여받은 것으로 간주되어 다시 증여세가 과세될 수 있다. 그러므로 부동산 증여시에는 반드시 증여세 및 취득세 상당액을 같이 증여해 두어야 이런 문제가 발생하지 않는다.

6. 자녀에게 증여할 경우에는 수익이 나오는 자산을 먼저 증여하라

일반적으로 주택보다는 상가나 금융자산이 훨씬 좋은데, 그 이유는 일단 증여신고된 이후부터는 합법적으로 자녀의 재산이 되는 것이므로 동 재산으로부터 얻어진 임대료수입이나 이자가 모두 자녀의 것으로 인정되어 향후 추가적인 재산을 취득할 때 이들을 포함하여 모두 자금원으로 인정받을 수 있기 때문이다.

7. 상속재산이나 증여재산에는 저당권이 설정되지 않도록 한다

상속(증여)재산의 평가기준은 시가이지만 시가를 구하기가 어려운 경우에는 보충적인 방법, 즉 기준시가로 평가한다는 점을 설명했다. 그러나 상속(증여)재산에 근저당 등 저당권이 설정된 경우에는 해당 부동산이 담보하는 채권액과 앞서 언급한 시가 중 큰 금액으로 평가하게 되므로 유의해야 한다.

8. 동일한 재산도 증여방법에 따라 세금에 차이가 난다

일반적으로 재산을 취득할 수 있는 자금을 증여하는 것보다는 재산을 취득하여 증여하는 것이 더 유리하다. 예를 들어 2억원을 성년인 자녀에 증여한다면 증여세 산출세액은 2,000만원{(2억원-5,000만원)×20%-1,000만원}에 달하지만, 2억원 상당의 부동산(국민주택규모 이하의 주택으로 가정)을 취득하여 3개월 후 이를 증여한다면 기준시가를 70%로 환산했을 때 증여재산가액은 1억 4,000만원이고 이에 대한 증여세는 900만원이 되는데, 명의이전에 따른 취득세(3.5%지만 조정지역 내의 1

세대 3주택 이상을 자녀에게 증여하는 경우에는 6%의 취득세율이 적용되므로 이를 감안해야 한다)와 지방교육세(0.3%) 532만원을 포함하면 모두 1,432만원이 되므로 568만원의 차이가 생긴다. 그러므로 증여는 사전에 세부담에 대한 면밀한 검토를 바탕으로 적기에 적절한 방법으로 이루어져야 한다.

9. 주식의 증여시점을 잘 선택하라

주가는 수시로 변하기 때문에 세법에서는 주식을 증여한 경우 증여일 전후 2개월의 가격을 평균하여 증여재산을 평가한다. 따라서 주가가 떨어질 경우에는 주식 증여를 통해 증여세 부담을 줄이면서 증여가 가능하다. 단, 이 경우 주식의 증여시점을 잘 선택해야 하는데, 세법에서는 증여 후 3개월 이내에 증여재산을 반환하는 경우에는 처음부터 증여가 없었던 것으로 본다. 따라서 증여를 했지만 계속적으로 주가가 하락하는 경우에는 3개월 내에 이를 취소했다가 다시 증여하는 방법도 가능하다. 그러나 증여 후 6개월이 경과한 시점에서 반환하면 이를 새로운 증여로 간주하여 증여세를 두 번 내게 되므로 유의해야 한다.

10. 기준시가나 공시가격의 조정시점에 주목하라

부동산의 고시가격은 시장가격 변화에 따라 매년 조정되는데, 토지의 공시지가는 5월 말에, 일반건물·오피스텔·상업용건물에 대한 국세청 기준시가는 12월 말에, 주택의 공시가격은 4월 말에 고시된다. 따라서 가격이 오르고 있다면 새로운 고시가격이 인상조정되기 전에 서둘러 증여하고, 가격이 내리고 있다면 새로운 가격이 인하조정된 이후에 증여하는 것이 유리하다.

11. 부담부증여를 적극 활용하라

양도차익이 상대적으로 적은 부동산은 단순증여보다 부담부증여를 활용하면 증여세 부담을 줄일 수 있다. 수증자가 인수한 채무가액은 증여재산에서 제외되기 때문이다. 물론 채무부분에 대해서는 양도소득세를 내야 하지만 양도차익이 적다면 그리 큰 부담은 되지 않는다. 다만, 수증자가 소득이 있고 자력으로 차입금의 이자나 원금을 상환할 능력이 있어야 하며, 수증자에 의해 채무가 상환되는지를 사후관리한다는 점을 잊어서는 안 된다.

12. 소비성자금을 증여하라

자녀에게 재산취득자금이나 사업자금을 증여하면 자금출처조사를 받게 되고 이를 제대로 소명하지 못하면 증여세를 부과당할 수 있다. 그러나 일반 소비성자금을 현금으로 증여하는 경우에는 증여세를 과세하기가 사실상 불가능하다. 따라서 자녀가 실제 번 돈은 훗날 재산취득 등의 자금에 대한 소명을 위해 본인 명의의 금융자산으로 적립하도록 하고 생활비나 손자녀의 교육비 등 소비성자금을 증여하는 것이 대안이 될 수 있다.

증여 관련 세금 Q&A

Q 아버지가 소득이 없는 성년 아들(23세) 명의로 저축성보험을 가입하고 일시납으로 4,000만원을 가입해 준 경우 증여세는 어떻게 과세되는지?

A 스스로 보험료를 납부할 수 있는 능력, 즉 소득이 있는 자녀가 자신이 계약자가 되고 수익자가 되는 보험을 가입한 경우라면 전혀 문제될 것이 없다. 그러나 사례에서처럼 소득이 없는 자녀가 계약자인 보험은 그 보험료 납부자를 부모로 간주하며, 실제 보험료 납부자와 보험금 수령자(수익자)가 다를 경우에는 나중에 보험금을 수령할 때(만기시 또는 보험사고 발생시) 수익자가 받는 보험금에 대해 증여가 이루어진 것으로 보아 증여세를 과세한다. 이 경우 증여세의 과세대상은 부모가 대신 내준 보험료 상당액이 아니라 만기시 또는 사고시 수령하는 보험금 총액이라는 점을 유념해야 한다.

따라서 대신 내준 보험료 4,000만원은 성년자녀에 대한 증여재산 공제액(5,000만원) 이내이지만, 세법상 증여의 성립시기는 만기 또는 보험사고 발생시이므로 이때 받게 될 보험금 중 5,000만원을 초과하는 금액에 대해서는 증여세를 내야 한다. 매월 납입식의 경우도 마찬가지여서 납입보험료의 누계금액이 아니라 만기 또는 사고보험금 수령액을 증여재산으로 본다.

Q 상속재산을 상속인들이 법정지분으로 등기이전한 후 상속인들이 상속

받은 재산을 동생에게 무상으로 이전한 경우 증여세가 과세되는지?

A 상속받은 재산을 특정인에게 무상으로 이전하는 것은 증여에 해당하므로 증여세를 내야만 한다.

Q 토지를 아버지와 공동명의로 소유하다가 아버지의 지분을 본인에게 양도한 경우 양도소득세가 과세되는지? 아니면 증여세가 과세되는지?

A 배우자나 직계존비속간의 양도에는 양도소득세를 과세하는 것이 아니라 증여세를 과세한다. 단, 본인의 소득금액이나 소유재산의 처분대금으로 양수대가를 지급한 사실이 확인되는 때에는 증여로 보지 않는다.

Q 성년인 자녀가 아버지로부터 5년 전에 5,000만원을 증여받고 지금 다시 5,000만원을 증여받은 경우에 두 경우 모두 증여재산공제액 범위 내에서 증여받은 것이므로 증여세를 안 내도 되는 것인지?

A 동일한 수증자가 동일한 증여자(부모는 동일인으로 본다)로부터 여러 번에 걸쳐 증여를 받은 경우에는 10년 이내에 증여받은 금액을 합산하여 증여세를 계산하는 것이므로(이를 재차증여의 합산이라고 한다) 증여받은 금액은 모두 1억원이 된다. 그러나 증여재산공제액은 수증자별로 10년 동안 공제받을 수 있는 최대금액으로, 직계존속으로부터의 증여재산공제액은 5,000만원이다. 따라서 공제액을 초과한 5,000만원에 대해서는 증여세를 내야 한다.

Q 부모로부터 시가 3억원의 아파트를 받았다. 동 아파트에는 은행차입금이 1억원 정도 남아 있는데 이는 자식인 본인이 상환할 예정이다. 이 경우 증여세 금액은 어떻게 계산하는지?

A 이와 같이 채무를 끼워서 증여하는 것을 부담부증여라고 하며 부담부증여에서는 동 채무액을 공제한 금액을 증여세 과세가액으로 한다. 그러나 부담부증여분(채무액)에 대해서는 증여세를 과세하지 않는 대신에 양도소득세를 과세한다. 다만, 배우자나 직계존비속 간의 부담부증여에 대해서는 수증자가 증여자의 채무를 인수한 경우에도 해당 채무액을 공제하지 않는 것이 원칙이다. 그러나 채무부담계약서, 채권자 확인서, 이자지급에 관한 증빙 등 실제로 부담하게 되는 것이 입증되는 채무이거나 국가, 지방자치단체, 금융회사로부터의 채무, 재판상 확정된 채무 등 객관적으로 인정될 때에는 채무액을 공제할 수 있다.

부담부증여시에는 채무부분을 증여재산에서 제외하는 대신 증여자가 갚아야 할 채무를 수증자에게 떠넘긴 것이므로 이를 유상양도로 본다. 따라서 채무부분에 대해서는 증여자가 양도소득세를 내야 한다. 사례의 경우 2억원에 대해서는 증여세를, 1억원에 대해서는 양도소득세를 내야 하는데, 양도소득세는 양도차익(양도가액 – 취득가액)에 대해 내는 것이다. 이때 양도가액은 1억원으로, 취득가액은 취득가액에 '양도로 보는 부분/총증여재산가액'의 비율을 곱해 계산한다. 예를 들어 당초의 취득가액이 1억 5,000만원이라면 1억 5,000만원×(1억원/3억원)=5,000만원으로 양도차익은 5,000만원(1억원 - 5,000만원)이 된다.

Q 김갑순 씨는 결혼 후 15년 동안 남편의 뒷바라지와 자녀만을 돌보아 온 전업주부이다. 그러나 사정에 의해 남편과 이혼하기로 합의하고 이혼절차를 진행 중이다. 현재 대부분의 재산은 남편 명의로 되어 있기 때문에 김갑순 씨는 민법상의 재산분할청구권을 행사하고자 하는데, 이에 의해 취득하는 재산에 대해서 증여세를 내야 한다는데 사실인지?

A 남편만이 소득이 있고 주부는 소득이 없더라도 부부의 재산은 부부 공동의 노력에 의해 만들어진 것이므로 부인의 가사노동에 의한 부분은 배우자의 몫으로 인정해 주는 것이 재산분할제도이다. 이 경우 재산분할에 따라 취득한 재산은 재산형성기여도에 따라 자산의 정당한 몫을 받은 것으로 보므로 이에 대해서는 별다른 세금을 과세하지 않는다.

Q 김부자 씨는 아들에게 땅을 증여하여 증여세 2,000만원이 과세되었으나 아들이 세금을 납부할 능력이 없어 대신 세금을 내주었다. 이 경우에도 증여세가 과세되는지?

A 증여세를 대납한 경우에는 세법상 증여자가 연대납세의무(수증자의 행방불명, 주소 및 거소 불분명 등)에 해당되어 대납한 경우를 제외하고는 재차증여로 보므로 동 증여세 대납액에 대해서도 증여세를 내야 한다.

Q 본인은 형으로부터 돈을 빌려 집을 샀는데, 증여세 자금출처조사를 받게 되었다. 이 경우 형으로부터 빌린 돈도 자금출처로 인정받을 수 있는 것인지?

A 자금출처조사에 있어서 직계존비속간의 소비대차는 원칙적으로 인정되지 않는 것이며, 기타 개인으로부터의 차입금도 자금출처로 인정받기 위해서는 대여자가 대금업을 영위하는 자이거나 비영업대금의 이익(사채이자)에 대해 종합소득세 등을 납부한 사실을 입증해야 한다.

Q 2년 전 아버지로부터 7,000만원을 증여받고 5,000만원을 증여재산공제 받아 2,000만원에 대해 증여세를 납부한 적이 있다. 최근 사업 부진으로 할아버지로부터 1억원의 사업자금을 증여받으려고 한다. 할아버지로부터 증여받은 금액에서 증여재산공제 5,000만원을 다시 받을 수 있는지?

A 재증여의 합산과세는 증여자와 수증자가 모두 같은 사람일 경우 적용하는 것이지만, 증여재산공제는 수증자별 한도이다. 즉, 자신의 모든 직계존속으로부터 공제를 받을 수 있는 10년간의 총한도가 5,000만원이라는 뜻이다. 따라서 이 경우 2년 전 직계존속인 아버지로부터 증여받을 때 5,000만원을 공제받은 바 있으므로 할아버지로부터 증여받을 때에는 더 이상 공제받을 것이 없는 것이다.

Q 나대로 씨는 만 29세의 세대주로서 은행융자 5,000만원을 빌려 소형
빌라를 1억 5,000만원에 구입했다. 나 씨는 지난 3년 동안 직장에서
8,000만원의 근로소득을 벌었으며 근로소득세 300만원을 납부한 바
있다. 나 씨가 아파트 취득자금에 대해 자금출처조사를 받게 되는지?

A 우선 자금출처조사 대상은 세대주냐 아니냐, 나이는 몇 세인가,
취득한 자산이 주택인가 아닌가에 따라 다르다. 나 씨처럼 30세
미만인 경우에는 자금출처조사를 받지 않을 수 있는 주택구입한
도가 5,000만원인데 이를 초과하고, 취득일로부터 3년 이전의 소
득과 동기간의 자산처분가액의 합계액(7,700만원)이 취득가액의
70%(1억 500만원) 이하이므로 자금출처조사 대상이 된다(자금출처조
사기준표(178쪽) 참조). 따라서 조사안내문이 관할 세무서로부터 송
부되면 자금출처에 대한 회신을 해야 하고 자금출처를 소명하지
못하면 소명하지 못한 금액에 대해 증여세가 부과된다.

그런데 현행 상속세 및 증여세법에 따르면 취득금액의 80% 이
상을 입증해야 하는데 나 씨의 과거 근로소득 7,700만원(근로소득
세 제외)과 금융회사 대출금 5,000만원은 모두 객관적인 구입자금
인 바, 모두 정당한 취득자금으로 인정받을 수 있고 입증금액 1
억 2,700만원이 취득금액의 80%인 1억 2,000만원을 초과하므로
세무서에서 서면으로 자금출처조사를 받더라도 상기 자금출처만
제시하면 증여세 부담은 없게 된다.

Q 아파트를 본인의 사정에 의해 친구명의로 매입하여 본인이 그 아파트

에 거주하고 있다. 부동산실명제가 이미 시행되는 걸로 알고 있는데 이 경우 어떤 불이익이 있는지?

A 세법상 명의신탁재산에 대한 증여의제 규정에서는 토지와 건물을 제외하고 있어 일반적으로 부동산은 실소유자와 명의자가 다른 경우에도 증여세를 부과할 수 없다. 그러나 토지와 건물 등 부동산을 명의신탁한 경우에는 '부동산 실권리자 명의등기에 관한 법률'이 적용된다. 따라서 부동산을 명의신탁하게 되면 동법률에 따라 다음과 같은 불이익이 있다.

① 명의신탁약정뿐만 아니라 그에 따른 등기도 무효가 되지만, 명의수탁자가 이를 선의의 제3자에게 매각하고 법원이 명의신탁의 위법성이 크다고 인정할 때에는 명의신탁자(실소유자)가 자신의 부동산을 되찾지 못하는 경우가 발생할 수도 있다.

② 부동산가액의 30%에 해당하는 과징금이 부과된다.

③ 과징금을 부과받은 자가 부과일로부터 1년이 경과한 후에도 자신의 명의로 등기하지 않는 경우에는 부동산가액의 10%, 다시 1년이 경과한 때에는 부동산가액의 20%에 해당하는 이행강제금이 부과된다.

Q 아버지 소유의 토지 위에 건물을 신축하여 사용하는 경우 아버지에게 토지사용에 대한 대가를 반드시 드려야 하는지, 만약 드리지 않으면 증여세를 납부해야 하는지?

A 이처럼 건물(해당 토지 소유자와 함께 거주할 목적으로 소유하는 주택은 제

외)을 소유하기 위해 특수관계가 있는 자(배우자, 직계존비속 및 형제
자매와 그 배우자 등)의 토지를 무상으로 사용하는 경우에는 토지무
상사용이익을 토지소유자로부터 증여받은 것으로 본다.

이때 토지무상사용이익은 건물이 정착된 토지 및 건물부수토지
의 가액에 2%를 곱하고 여기에 5년을 곱하여 계산한 5년간의 토
지무상사용이익을 현재가치로 할인한 것을 말한다. 따라서 이런
경우에는 토지이용대가를 계산해서 아버지에게 드리고 아버지는
이를 사업소득(지상권의 대여로 인한 소득)으로 처리하여 종합소득세
를 신고·납부하면 증여세는 부과되지 않는다.

9장

부가가치세,
부담하는 사람과
내는 사람이 **다르다**

01 부가가치세 계산구조에 절세 노하우가 숨어있다

부가가치세란 사업자가 재화·용역(서비스)을 공급할 때마다 생기는 부가가치에 대해 내는 세금이다. 즉, 어떤 물건을 10,000원에 사와서 이를 30,000원에 팔았다면 이 과정에서 20,000원의 부가가치(매출액 - 매입액)가 발생되었고, 이에 대해 10%인 2,000원의 세금을 내게 되는데, 이것이 바로 부가가치세이다. 이렇게 창출된 부가가치는 사업체의 인건비나 이자비용, 사업주(주주)의 이익에 충당된다.

그런데 이렇게 매 건별로 부가가치를 계산한다는 것은 대단히 복잡하기 때문에 일정기간 동안의 매출액에 대한 세액(이를 매출세액이라고 한다)에서 매입액에 대한 세액(이를 매입세액이라고 한다)을 차감하여 부가가치세를 납부하게 된다. 위의 경우 매출세액은 3,000원이고 매입세액은 1,000원이 되며 그 차액인 2,000원이 바로 납부세액이 된다.

그리고 부가가치세를 계산해서 납부하려면 일정기간 동안 매출액과 매입액이 투명하게 빠짐없이 기록되어야 한다. 매출세액이 적을수록,

매출세액	·····	매출세액은 매출액에 대해 10%를 부가가치세로 받은 것
(-)		
매입세액	·····	매입세액은 매입액에 대해 10%를 부가가치세로 낸 것
(=)		
납부세액		

매입세액이 많을수록 사업자가 내야 할 부가가치세는 줄어든다. 따라서 모든 사업자는 거래할 때마다 매출과 매입을 입증할 수 있는 근거로 세금계산서나 신용카드매출전표 등 증빙을 발급하고 수취해야 한다. 만약 매출을 누락하거나 가공매입을 통해 매입세액을 늘려 잡으면 부가가치세가 줄어들기 때문이다.

이런 이유로 국세청에서는 사업자의 부가가치세 신고내용을 분석하고, 업종별로 부가가치율(부가가치(매출액 – 매입액)/매출액)이 다른 사업자와 비교해서 적정한지, 전년도와 비슷한지 등을 따져본다.

이와 같은 부가가치세는 물건을 파는 사람이 물건을 사는 사람으로부터 징수하여 일정기간 단위로 사업장의 관할 세무서에 납부한다. 따라서 세금을 내는 사람은 물건을 판 사업자이지만 세금을 실제로 부담하는 사람은 물건을 사는 사람이 되는데, 이처럼 납세자와 담세자가

다른 세금을 간접세라고 한다.

물론 물건을 산 사람도 그 물건에 마진을 얹어서 다시 판다면 소비자로부터 부가가치세를 거래징수하게 되겠고, 이 과정에서 자기가 물건을 살 때 부담했던 매입세액은 차감되는 것이니 실제로 부담하는 세금은 없게 된다. 결국 물건을 최종 소비하는 소비자만 부가가치세를 부담하는 셈이 되므로 이는 소비행위에 대해서 과세되는 일종의 소비세인 것이다.

02 일반과세와 간이과세, 무엇이 더 유리한가?

1. 과세사업자와 면세사업자

부가가치세를 내야 하는 사람을 사업자라고 한다. 우리가 보통 사업(장사)을 하는 사람들을 사업자라고 말하는데, 처음으로 사업을 시작하면 반드시 20일 안에 사업장의 관할 세무서에 가서 사업자등록이라는 것을 해야 한다. 마치 사람이 태어나면 출생신고를 하고 주민등록번호를 부여받듯이 사업자도 세법에 의해 반드시 개업했다는 사실을 신고하고 사업자등록번호를 부여받아야 한다.

그러나 모든 사업자가 다 부가가치세를 내야 하는 것은 아닌데, 부가가치세의 납세의무가 없는 사업자를 면세사업자라고 한다. 부가가치세는 어차피 최종소비자가 부담하는 것이므로 국민생활에 필수적인 소비, 지출 등에 대해서는 부가가치세를 면제하는 것이다. 예를 들면 시내버스나 지하철요금, 전화요금, 수도요금, 연탄, 의료비(병원), 교육비(학교나 학원) 등과 같은 기초생활필수품이나 사회복지적인 지출에 대해서는 부가가치세를 면제해 준다.

하지만 비행기·택시·우등고속버스·고속철도(KTX) 등은 부가가치세를 내야 하는 과세사업자에 해당되는데, 자가용 대중화시대에 돌입한 지 이미 오래여서 이제는 자동차를 등에 지고 다녀야 할 판인 우리나라에서 과연 택시·우등고속버스·KTX가 대중교통수단이 아닌지 의아하기만 하다.

부가가치세 면세사업자는 물건을 팔거나 서비스를 제공할 때 아예 부가가치세를 받지 않는 것이므로 내야 할 부가가치세, 즉 매출세액은 없는 셈이다. 그래서 면세사업자는 세금계산서를 발행하지 않는 대신 계산서라는 것을 발급한다. 그러나 자신이 사업을 위해 물건이나 서비스를 매입할 경우에는 상대방이 과세사업자라면 부가가치세를 청구할 것이므로 면세사업자라 하더라도 매입세액은 발생한다. 이런 경우 매입세액은 면세사업자 본인이 스스로 부담할 수밖에 없다. 왜냐하면 면세사업자는 부가가치세 신고를 하지 않는 것이므로 자신이 부담했던 매입세액을 따로 돌려받을 방법이 없기 때문이다. 따라서 매입건이 비용지출거래라면 관련 매입부가가치세를 해당 비용에 포함시키고, 자산의 매입거래라면 해당 자산의 취득원가에 포함시켜 처리하게 된다.

2. 일반과세자

부가가치세를 내야 하는 과세사업자도 다시 일반과세자와 간이과세자로 나누어진다. 일반과세자는 앞서 살펴본 것처럼 재화·용역을 공급할 때 거래징수한 매출세액에서 이미 자기가 재화·용역을 공급받을 때 징수당한 매입세액을 차감한 금액을 납부하면 된다. 그러므로 일반과세자의 경우 부가가치세를 빠짐없이 걷으려면 거래한 내용이 누락 없이 체크되어야 하는데, 이를 위해서 일반과세자들이 매입·매출시마다 서로 주고받는 것이 바로 세금계산서라는 것이다.

세금계산서를 주고받지 않고 거래한다는 것은 다시 말하면 매입·매출을 은폐함으로써 부가가치세를 안 내게 되는 것이며 나아가서는 소득세까지도 누락이 되는 것이다.

따라서 부가가치세의 올바른 과세 여부는 세금계산서의 올바른 수수에 있다고 해도 과언이 아닌데, 어디 사람 사는 세상이 정상적으로만 돌아가는가? 세금계산서 누락(이를 무자료거래라고 한다)을 뛰어넘어 아예 없었던 거래까지도 가공으로 만들어 매입세액을 늘려 잡으니 이것이 바로 자료상이라는 것이다.

이런 문제점들을 근절하기 위해 전자세금계산서제도가 도입되었다. 모든 법인은 의무적으로 전자세금계산서를 발급해야 하며, 개인사업자는 직전 사업년도의 사업장별 공급가액이 1억원(2024. 7. 1부터는 8,000만원) 이상인 경우 그 다음해 2기 과세기간부터 그 다음해 1기 과세기간까지 수기세금계산서 대신 전자세금계산서를 발급하고 다음날까지 국세청에 전자세금계산서 발급명세를 전송해야 한다. 개인사업자가 전자세금계산서를 발급하는 경우에는 세금계산서합계표를 제출하지 않아도 되며, 세금계산서 보관의무도 면제되는 등의 혜택이 주어진다.

그러나 전자세금계산서를 발급하지 않을 경우에는 가산세를 내야 한다.

3. 간이과세자

매출규모가 적은 영세한 사업자(조그만 식당이나 옷가게 등 소매점)들은 거래할 때마다 세금계산서를 발급할 수도 없을 뿐만 아니라 소비자에게 부가가치세를 별도로 받기도 어려운 것이 현실이다. 이와 같이 영세한 규모의 사업자들을 간이과세자라고 한다.

간이과세자는 연간 매출액이 8,000만원 미만인 개인사업자를 말하며, 제조업이나 도매업을 하는 사업자 또는 법인은 간이과세자가 될 수 없다.

이러한 간이과세자 중 직전년도 공급대가(매출액)가 4,800만원 미만인 사업자는 기본적으로 세금계산서를 발급할 의무가 없으며(그러나 연 매출이 4,800만원 이상인 간이과세자는 필요하다면 세금계산서를 발행할 수 있으며, 매입을 하고 상대방으로부터 매입세금계산서나 신용카드 매출전표를 받으면 매입액(공급대가)의 0.5%를 공제받을 수 있다), 부가가치세도 일반과세자가 10%를 내는 데 비해 간이과세자는 10%에 업종별 부가가치율을 곱한 만큼만 내면 된다는 점에서 일반과세자와 차이가 있다.

- 일반과세자의 부가가치세 납부세액 = 매출세액 – 매입세액
- 간이과세자의 부가가치세 납부세액 = (매출액 × 10% × 업종별 부가가치율)
  – 세금계산서제출 세액공제(매입액 × 0.5%)

예를 들어 소매업을 하는 어떤 개인사업자가 1년에 2,000만원어치를 사서 4,000만원어치를 팔았다고 했을 때 각각의 경우에 부가가치세는 다음과 같이 계산된다.

- 일반과세자일 경우

  (4,000만원×10%) − (2,000만원×10%)＝200만원

- 간이과세자일 경우

  (4,000만원×10%×15%) − (2,000만원×0.5%)＝50만원

  * 매입세금계산서를 제출하지 않은 경우라면 간이과세자는 60만원의 부가가치세를 납부하게 된다.

  ※ 업종별 부가가치율

  - 소매업·음식점업 : 15%

  - 제조업 : 20%

  - 숙박업 : 25%

  - 건설업 : 30%

  - 부동산임대업 : 40%

위에서 살펴본대로 소매업의 경우 업종별 부가가치율이 15%이므로 일반과세자가 10%의 부가가치세를 내는 반면, 간이과세자는 매출액의 1.5%(10%×15%)만 부가가치세를 내는 셈이다. 게다가 신용카드 매출액에 대한 세액공제(1%이지만, 2023년 12월 31일까지는 1.3%)를 차감하면 부가가치세 부담이 상당히 줄어든다. 위 사업자의 경우 매출액 4,000

만원 중 1,000만원이 신용카드 매출분이라면 1.3%인 13만원을 추가로 세액공제받게 되므로 내야 할 부가가치세는 일반과세자의 경우 187만원, 간이과세자의 경우 37만원으로 줄어든다.

이처럼 세금부담면에서는 간이과세가 유리하지만, 간이과세자는 사업규모가 적은데다 연매출이 4,800만원 미만인 경우에는 세금계산서를 발급하지 못하므로 거래상대방이 기피할 수 있다는 문제점이 있다. 또 매입세액이 매출세액을 초과해도 일반과세자와는 달리 그 차액을 환급받지 못한다. 다시 말해 간이과세자에게는 부가가치세 환급이 아예 없는 셈이다. 그래서 간이과세 대상 사업자라 하더라도 일반과세자로 등록할 수 있는데, 이런 경우에는 간이과세포기신청서를 제출하면 된다.

한편 간이과세자로 사업을 하다가 매출액이 8,000만원을 초과하면 일반과세자로 변경되는데, 사업자가 스스로 신고하지 않아도 세무서에서 통지가 온다. 예를 들어 올해 매출액이 8,000만원을 넘으면 내년 6월 말까지는 간이과세가 유지되고, 7월 1일부터(20일 전에 변경통지가 온다) 일반과세자로 바뀌게 된다.

03 부가가치세, 언제까지 신고해야 하나?

부가가치세는 1년에 두 번 6개월마다 확정신고·납부를 하게 되는데, 그 중간에 3개월 단위로 예정신고·납부를 하게 된다. 따라서 1년에 모두 네 번 신고·납부를 하는 셈이다. 그러나 개인사업자 중 일반과세자와 일정규모 미만(직전과세기간의 공급가액이 1억 5,000만원 미만)인 법인은 예정신고를 할 필요가 없이 세무서가 발행해 주는 고지서(직전기에 냈던 부가가치세의 1/2이 고지되며, 세액이 30만원 이하인 경우에는 고지하지 않는다)에 의해 납부하면 되므로 1년에 2번의 확정신고만 하면 된다.

한편 간이과세자는 일반과세자와 달리 부가가치세 과세기간이 1.1~12.31이므로 1년에 한 번만 부가가치세를 확정신고하면 된다. 다만 직전과세기간 납부세액의 1/2을 매년 7월 25일까지 예정부과에 따라 납부(단, 징수해야 할 금액이 30만원 미만이거나 과세기간 개시일 현재 일반과세자에서 간이과세자로 변경된 경우에는 이를 징수하지 않는다)하게 되므로 확정신고시에는 차액만 납부하면 된다.

부가가치세의 예정 및 확정 신고기한

구분	1기		2기	
	과세기간	신고납부기한	과세기간	신고납부기한
예정납부	1. 1 ~ 3. 31	4. 25	7. 1 ~ 9. 30	10. 25
확정신고·납부	1. 1 ~ 6. 30	7. 25	7. 1 ~ 12. 31	다음해 1. 25

＊ 법인은 매 3개월 단위로 예정신고·납부 2회, 확정신고·납부 2회
　개인사업자 중 일반과세자는 예정고지납부 2회, 확정신고·납부 2회
　개인사업자 중 간이과세자는 예정부과납부 1회, 확정신고·납부 1회

그런데 매출세액보다 매입세액이 더 많은 경우에는 그 차액을 세무서로부터 돌려받아야 하는데, 이를 환급세액이라고 한다. 환급세액은 확정신고기한이 지난 뒤 30일 이내(1기 환급은 8월 25일, 2기 환급은 2월 25일)에 돌려받게 된다.

부가가치세를 신고할 때에는 신고서와 함께 매출처별 세금계산서합계표 및 매입처별 세금계산서합계표를 제출해야 하는데, 이는 문자 그대로 매출세금계산서(적색)와 매입세금계산서(청색)를 각각 거래처별로 일자순으로 기록한 집계표이므로 세금계산서를 가지고 작성하면 된다. 그러나 세금계산서는 제출할 필요가 없다.

영세율과 면세,
어떻게 다른가?

영세율은 부가가치세를 과세하되 영(0)의 세율을 적용하는 것을 말한다. 따라서 매출세액이 없다는 점에서는 면세사업자와 같으나, 면세사업자의 경우에는 사업과 관련하여 부담한 매입세액을 환급받을 수 없지만(면세사업자는 부가가치세의 납세의무가 아예 없는 것이므로 부가가치세 신고를 하지 않는다) 영세율은 부가가치세 신고를 통해 매입세액을 환급받을 수 있다는 점에서 차이가 있다.

영세율은 주로 수출하는 상품 등과 같이 외화 획득용 재화와 용역에 적용되는 것인데, 수출상품 등에 부가가치세를 매기면 상품가격이 올라가는 등 국제경쟁력이 떨어지게 되므로 아예 매출부가가치세를 면제해 주는 것이다.

수출업체의 경우 이렇게 수출매출액에 대해서는 부가가치세가 없으나 국내매입이든 수입이든 이미 부담한 매입세액은 모두 매출세액에서 공제되므로 그 차액은 환급받을 수 있다.

사업자를 위한 12가지 절세 노하우

1. 신규로 사업을 시작할 경우에는 사업자등록을 제때에 신청하도록 한다

왜냐하면 사업자등록 신청이 너무 늦을 경우에는 매입과 관련해서 부담한 매입세액을 공제받을 수 없기 때문이다. 그러므로 신규사업 개시를 위해 비품 등을 구입하거나 인테리어비용 등을 지출하고 세금계산서를 받은 경우에는 늦어도 매입세액이 발생한 과세기간의 다음 과세기간 개시 후 20일 이내에 사업자등록을 신청해야만 자기가 부담했던 매입세액을 돌려받을 수 있다. 이 경우 사업자등록 전에 받은 세금계산서에는 사업자등록번호 대신 자신의 주민등록번호를 기재하면 된다.

2. 신용카드 가맹업체로 등록하여 고객에게 신용카드매출전표를 발급하면 세무상 혜택을 받을 수 있다

신용카드 가맹사업자가 음식·숙박업이나 소매업, 서비스업을 경영하면서 물건 등을 공급하고 매출전표를 발급하는 경우에는 매출전표 발급금액의 1%(단, 2023년 말까지는 1.3%)를 부가가치세 납부세액에서 공제받을 수 있다. 단, 연간 공제한도는 1,000만원이며, 법인과 직전년도 매출이 10억원을 초과하는 개인사업자는 공제혜택을 받을 수 없다. 그러나 신용카드 가입대상으로 지정된 가입자가 정당한 사유없이 카드가맹을 하지 않을 경우에는 세무조사 등 불이익을 받을 수도 있다.

3. 투자목적으로 상가나 오피스텔을 분양받는 경우에는 반드시 사업자 등록을 하여 부가가치세를 돌려 받자!

일반인들이 자영업이나 여유자금의 투자목적으로 상가나 오피스텔을 분양받는 경우가 많다. 이때 상가분양대금에는 부가가치세가 포함되어 있다. 이러한 부가가치세는 매입자가 사업자가 아닌 일반인인 경우에는 매입가액으로 부담해야 한다. 그러나 매입자가 부가가치세의 과세대상사업을 영위하고 있거나 영위할 목적으로 자산 등을 취득할 경우에 취득대금에 포함되어 있는 부가가치세는 공제(환급)받을 수 있다. 상가는 자기가 직접 사용하든, 임대목적이든 사업에 제공할 자산이기 때문이다. 따라서 상가의 취득목적이 부가세 면세사업(예 : 관인유치원, 학원, 농수산물 등)을 자영할 목적이 아니고 임대 등 부가세 과세사업(주택임대용역은 부가가치세가 면세되므로 환급이 불가능함)을 영위할 목적일 경우에는 분양계약시 상가 소재지 관할 세무서에 일반과세자로 사업자등록을 하고 개인사업자 명의로 분양받으면 분양대금에 포함되어 있는 부가가치세를 환급받을 수 있다.

만약 분양대금 2억원 중 건물분에 대한 부가가치세가 700만원이라고 하면 동 금액이 환급대상 세액이 된다. 이를 전세 1억원에 임대할 경우 부가세 연간 부담액은 16만원(1억원×1.6%(현재 간주임대료 계산 이자율)×10%)에 불과하므로 취득시 부가세를 환급받는 것이 더 유리하다.

그러나 환급 후에 10년이 경과하기 전에 폐업하거나 매출액이 일정 금액(간이과세자에 해당하는 8,000만원) 이하일 경우 부가세법에 규정한 신고절차(간이과세 포기신고)를 이행하지 않으면 환급받은 세액의 일부를 추징당할 수 있으므로 유의해야 한다.

4. 신용카드매출전표도 요건이 되면 매입세액을 공제받을 수 있다

사업자가 일반과세자로부터 재화나 용역을 공급받고 부가가치세액이 별도로 구분 가능한(공급가액과 부가가치세액이 구분되어 출력되거나 공급자가 이를 구분하여 수기로 표기한 경우를 말함) 신용카드매출전표 등(직불카드영수증이나 현금영수증을 포함)을 받은 경우에는 부가가치세를 신고할 때 신용카드매출전표 등 수취명세서를 제출하고, 이를 확정신고일로부터 5년간 보관하면 세금계산서와 마찬가지로 매입세액을 공제받을 수 있다.

5. 거래처로부터 못받게 된 외상대금의 부가가치세는 돌려받을 수 있다

사업자가 부가가치세가 과세되는 재화 또는 용역을 공급한 후 그 공급일로부터 10년이 경과한 날이 속하는 과세기간에 대한 확정신고기한까지 거래처의 파산이나 어음·수표의 부도 등의 사유로 인해 대손이 발생된 경우에는 해당 매출세액을 그 대손확정된 날이 속하는 과세기간의 매출세액에서 공제받을 수 있다.

6. 사업을 양도한 경우 이렇게 하면 부가가치세를 내지 않는다

부가가치세는 재화의 공급에 대해 과세되는 것이므로 사업자가 사업을 하다 이를 다른 사람에게 팔아 넘기는 경우에도 당연히 과세대상이 된다. 그러나 사업을 포괄적으로 양도하는 경우에는 세법에서 이를 재화의 공급으로 보지 않으므로 부가가치세를 내지 않아도 된다. 예를 들어 과세대상이 되는 임대용 오피스텔을 가지고 있던 사람이 이를 팔 경우에는 양도소득세뿐만 아니라 건물가액에 대한 부가가치세를 내야 하는데, 이 경우 양수자가 양도자의 권리의무를 포괄적으로 승계하는 조건으로 과세사업자로 등록할 경우에는 부가가치세를 내지 않아도 된다. 그러나 직접 자기가 사용할 목적으로 매입하는 경우에는 포괄양도에 해당하지 않으므로 부가가치세가 과세된다.

7. 간이과세자에서 일반과세자로 바뀌는 경우에는 반드시 재고매입세액을 공제받자

간이과세자는 매입세액을 전액 공제받지 못하고 업종별 부가율을 곱한 금액만큼만 공제받는데, 만약 1년간의 공급대가가 8,000만원을 초과하거나 간이과세를 포기하여 일반과세자로 전환한 경우에는 전환일 현재 보유하고 있는 재고자산과 건물가액에 대해 과거에 공제받지 못했던 매입세액을 추가로 공제받을 수 있다. 이 경우 재고품은 전액에 대해서, 건물에 대해서는 취득일로부터 1과세기간(6개월) 경과시마다 5%의 감가율을 적용하여 계산한 미상각잔액에 대해서 각각 10/110과 '1 − 업종별 부가율'을 곱한 금액을 공제받게 된다.

8. 부가가치세도 때에 따라서는 경비로 인정된다

원래 부가가치세는 매출세액에서 공제받을 수 있는 것이므로 사업자의 필요경비로 인정하지 않는다. 그러나 기업업무추진비와 관련된 매입세액과 비영업용 소형승용차(8인승 이하)의 구입·임차·유지에 관련된 매입세액 등은 부가가치세법상 매입세액공제가 불가능하므로 대신 사업자의 필요경비로 인정해 준다. 예를 들어 기업업무추진비 금액이 100만원이고 관련 부가가치세가 10만원일 경우 110만원 전액이 필요경비로 인정되는 것이다.

9. 반기 말과 연도 말에는 재고매입을 미루는게 좋다

6월 말과 12월 말에 재고자산 등을 대량으로 매입하게 되면 부가가치세의 환급세액이 발생할 가능성이 매우 높은데, 이 경우 환급세액이 과다하면 실지 확인조사의 대상이 될 수 있어 받지 않아도 될 세무조사를 받게 된다. 또한 비록 부가세 환급이 발생하지 않았더라도 현저히 낮은 부가가치세를 납부하게 되기 때문에 불성실신고자로 분류되어 세무조사 대상이 될 수도 있다.

10. 거래상대방이 정상사업자인지를 확인하자

거래상대방이 면세사업자이거나 휴·폐업자 또는 간이과세자인 경우에는 부가가치세 매입세액공제를 받을 수 없다. 따라서 거래상대방과 최초로 거래할 때 국세청 홈페이지에서 상대방의 과세유형과 휴·폐업 여부를 조회해 보는 것이 안전하다.

11. 사업장이 여러 곳이면 사업자단위과세를 신청하자

부가가치세는 사업장마다 신고하고 납부하는 것이 원칙이다. 그러나 사업장이 두 곳 이상인 경우, 한 사업장에서는 부가가치세를 납부하고 다른 사업장에서는 환급을 받는 경우가 발생할 수도 있다. 이러한 불편함을 해소하기 위해 세법에서는 는 주사업장에서 납부를 총괄해서 하는 '주사업장총괄납부제도'와 신고 및 납부 모두를 한 사업장에서 할 수 있는 '사업자단위신고납부제도'가 있으므로 이렇게 하면 절차가 훨씬 간단해진다.

12. 경비지출시에는 부가가치세가 구분기재된 적격증빙을 받고 공공요금 등에 부과되는 부가가치세 매입세액공제도 놓치지 말자

전기·전화·도시가스요금 등 사업에 관련된 공과금으로서 사업자 명의로 기재된 영수증도 세금계산서로 인정되므로 기재된 매입세액을 모두 공제받을 수 있다. 뿐만 아니라 사업자가 일반과세자로부터 재화 또는 용역을 공급받고 부가가치세액이 별도로 구분된 신용카드매출전표나 현금영수증 등을 발급받은 때에도 매입세액을 공제받을 수 있으므로 이런 것들을 절대 빠트리지 말아야 한다.

TAX # 부가가치세 Q&A

Q 사업을 처음으로 시작할 계획인 예비창업자이다. 그런데 사업자등록을 할 때 일반과세자가 나은지, 간이과세자가 나은지 판단이 안 선다. 주위에서는 일반과세자보다 간이과세자가 세금부담이 적다고들 말하는데….

A 간이과세제도는 영세한 개인사업자들에게 정부가 정한 업종별 부가가치율에 따라 부가가치세를 부과하는 제도를 말한다. 당연히 일반과세자보다 세부담이 적기 때문에 유리하다. 단, 아무나 되는 것이 아니고 업종이 간이과세를 적용받을 수 있는 업종이어야 하고 상가(임대업)를 보유하고 있는 등 일반과세 사업자등록증을 갖고 있으면 해당되지 않는다. 또 매입건이 많아 환급이 예상되는 경우에는 오히려 일반과세가 더 유리하다. 간이과세자는 환급을 받을 수 없기 때문이다. 하지만 간이과세자에게 적용되는 부가가치세율은 10%가 아니라 1.5%(소매업·음식점업) 또는 2%(제조업)와 2.5%(숙박업)에 불과하기 때문에 일단 부가가치세 부담이 적다는 면에서 유리하다. 또 간이과세자가 납부한 부가가치세는 일반과세자와는 달리(일반과세자가 납부한 부가가치세는 자기가 부담한 것이 아님) 사업소득의 필요경비로 처리되어 소득세 부담액이 줄어든다. 그러나 처음에 간이과세사업자로 등록했더라도 연매출이 8,000만원을 넘으면 일반과세사업자로 전환된다.

Q 간이과세자로 소매업을 하는 사람인데, 물건을 사고 세금계산서를 받았지만 부가가치세를 신고할 때 간이과세자라는 이유로 매입세액공제를 받을 수 없었다. 매출부가가치세는 적게 내서 좋았는데, 매입부가가치세를 부담한 것이 분명한데도 불구하고 공제받지 못하는 게 어쩐지 억울한 생각이 든다. 이 경우 부가가치세를 돌려받을 수 있는 방법은 없는지?

A 간이과세자도 매입세금계산서를 받고 그 합계표를 제출하면 매입세액을 납부세액에서 공제받을 수 있다. 단, 전액 공제받는 것이 아니라 매입금액의 0.5% 만큼만 공제받을 수 있다. 예를 들어 매입세금계산서의 공급대가 금액이 1,000만원일 경우 5만원을 공제받는다.

Q 부동산임대업을 하고 있는데, 매달 임차인으로부터 임대료와 함께 관리비를 같이 받고 있다. 관리비에 대해서도 부가가치세를 내야 하는지?

A 관리비를 임대료와 구분하지 않고 일괄해서 받는다면 전체 금액에 대해 부가가치세가 과세되지만, 관리비 중 임차인이 부담해야 할 전기요금이나 수도료 등 공공요금을 별도로 구분·징수하여 납입을 대행하는 경우에는 과세표준에 포함되지 않는다.

Q 상가를 임차하여 사업을 하고 있는데, 건물 임대인이 간주임대료에 대한 부가가치세를 부담하라고 해서 매월 임대료와는 별도로 이를 지불하고 있다. 이 경우 간주임대료에 대한 부가가치세도 세금계산서를 받으면 매입세액공제를 받을 수 있는지?

A 간주임대료란 임대인이 받은 임대보증금에 대해 부가가치세법 시행규칙에서 정한 이자율을 곱해 임대수입으로 환산한 것으로서, 매월 받는 임대료와 함께 부가가치세 과세표준에 포함된다. 매월 임대료에 대한 부가가치세는 임차인이 부담하지만 간주임대료에 대한 부가가치세는 보통 임대인이 부담한다. 왜냐하면 이에 대해서는 세금계산서를 발행할 수 없기 때문이다. 만약 임차인이 이를 부담했다면 매입세액공제는 못받지만 그 대신 사업소득의 필요경비로 넣을 수 있다.

Q 부가가치세 신고를 앞두고 있는 사업자인데, 이번 과세기간에는 물건을 팔았지만 그 대금을 아직 못받은 게 너무 많다. 당연히 부가가치세도 거래징수하지 못했다. 그런데도 부가가치세를 내야 하는지?

A 부가가치세는 사업자가 재화나 서비스를 제공한 시점에서 과세되는 것이므로 실제로 거래대금을 못받았다 하더라도 공급시기가 해당 과세기간에 해당하면 그에 대한 부가가치세를 신고·납부해야 한다.

Q 의류소매업을 하다가 이번에 폐업을 하게 되었다. 폐업하는 것도 억울한데, 팔리지 않아 남은 재고에 대해 부가가치세를 내야 한다는 말을 들었다. 그 말이 사실인지?

A 사업자가 폐업하는 경우 남아 있는 재고에 대해서는 이를 모두 사업자 본인에게 판 것으로 간주한다. 따라서 10%의 부가가치세

를 내야 하는데, 그 이유는 매입 당시 이미 장래 매출될 것을 전
제로 해서 매입세액공제를 받았기 때문이다. 따라서 당초에 매입
세액공제를 받지 않았다면 잔존재고에 대해 부가가치세를 낼 필
요가 없다.

Q 직장을 퇴직하고 개인사업체를 운영하기 위해 상가를 하나 분양받았다.
그런데 분양대금 속에 부가가치세가 포함되어 있는데 이를 환급받으려
면 어떻게 해야 하는지?

A 상가를 분양할 때 토지는 면세항목이므로 부가가치세가 붙지 않
지만 건물에 대해서는 10%의 부가가치세가 포함된다. 이렇게 건
물 분양대금에 포함된 부가가치세는 분양계약 후 20일 이내에 사
업자등록을 하면 나중에 환급받을 수 있다. 사업자등록은 원칙적
으로 사업을 개시한 날로부터 20일 이내에 신청해야 하며 이를
위반하면 가산세를 내게 된다. 한편 사업자등록신청 이전에 발생
한 매입세액은 원칙적으로 공제되지 않지만 공급시기가 속하는
과세기간이 끝난 후 20일 이내에 사업자등록을 신청하면 그 과세
기간 개시일 이후에 발생한 매입세액을 모두 공제받을 수 있다.
그러므로 재화나 용역을 매입하고 해당 과세기간이 끝난 후 20일
이 지나서 사업자등록신청을 했다면 해당 매입세액을 공제받을
수 없다. 단, 매입세액을 환급받기 위해서는 일반과세자로 등록
해야 한다. 간이과세자는 매입세액이 납부세액을 초과하더라도
환급해 주지 않기 때문이다.

Q 음식점을 운영하는 개인사업자이다. 그런데 음식의 원재료는 대부분 부가가치세 면세품목인 농·축·수산물이어서 세금계산서를 받을 수 없다. 이런 경우 매입세액이 적어 부가가치세 부담이 만만치 않은데, 무슨 방법이 없는지?

A 음식사업자들은 세금계산서 수취 여부와 관계없이 농·축·수산물 매입액의 일정비율을 매입세액으로 인정하여 공제받을 수 있는데, 이를 의제매입세액공제라고 한다. 현재 개인 음식점의 의제매입세액공제율은 8/108(7.4%)이다. 따라서 음식점 사업자들은 음식 재료를 살 때 계산서를 받거나 거래내역을 기록해 뒀다가 세무서에 신고하면 그 금액의 7.4%만큼 부가가치세를 공제받을 수 있다. 예를 들어 1,000만원어치를 샀다고 신고하면 74만원의 부가가치세가 줄어든다.

Q 치킨집을 운영하는 간이과세자인데 부가가치세 신고를 앞두고 있다. 대략 얼마나 내야 하는지 알고 싶다. 1~6월까지 카드매출(현금영수증매출 포함)은 2,455만원이고 현금매출은 505만원이다. 그리고 매입세금계산서는 1,200만원, 계산서는 100만원을 받아 두었다.

A 먼저 매출(공급대가)을 계산해보면 2,960만원(카드매출 2,455만원＋현금매출 505만원)인데 이에 대한 납부세액은 다음과 같이 계산된다.

2,960만원(과세표준)×10%×15%(음식업종 부가가치율) = 444,000원

납부세액에서 공제세액을 차감하면 된다. 공제세액은 매입세액 공제 60,000원(1,200만원×0.5%), 의제매입세액공제 74,000원(100만

원×8/108), 신용카드매출세액공제 319,150원(2,455만원×1.3%(원래 1%이나 2023년 말까지는 1.3%를 적용함)) 등 모두 453,150원이다. 따라서 공제세액 차감 후 납부세액은 △9,150원이다. 그러나 간이과세자는 부가가치세 환급이 안 되므로 9,150원을 돌려받지는 못하며, 납부세액은 0이 되는 셈이다.

지금은 간이과세라 세금부담이 없지만 연간 매출이 8,000만원을 넘어서면 일반과세로 전환(8,000만원을 초과한 다음해 7월 1일부터 전환됨)될 가능성이 매우 높다. 일반과세로 전환되면 위의 상태에서 부가가치세는 약 136만원(매출세액 296만원 - 매입세액공제 120만원 - 의제매입세액공제 74,000원 - 신용카드매출세액공제 319,150원(2,455만원× 1.3%)) 정도로 계산된다.

결국 간이과세자와 일반과세자의 세금차이가 매우 크다는 것을 알 수 있다. 그러므로 일반과세로 전환되면 지금보다 훨씬 더 매입세금계산서를 잘 챙겨야 세금을 줄일 수 있다.

찾아보기

당당하게 세금 안 내는

절세 노하우

1판 1쇄 발행 1996년 8월 26일
10판 1쇄 발행 2023년 1월 31일

지은이 이병권
펴낸이 이종두
펴낸곳 ㈜새로운 제안

기획·편집 장아름
디자인 이지선
영업 문성빈, 김남권, 조용훈
경영지원 이정민, 김효선

주소 경기도 부천시 조마루로385번길 122 삼보테크노타워 2002호
홈페이지 www.jean.co.kr
쇼핑몰 www.baek2.kr(백두도서쇼핑몰)
SNS 인스타그램(@newjeanbook), 페이스북(@srwjean)
이메일 newjeanbook@naver.com
전화 032) 719-8041
팩스 032) 719-8042
등록 2005년 12월 22일 제2020-000041호
ISBN 978-89-5533-640-5(13320)